Fliegenbinden Schritt für Schritt

Frank de la Porte

Fliegenbinden Schritt für Schritt

KOSMOS

Mit 450, zum Teil farbigen Abbildungen.
Sämtliche Fotos und Zeichnungen stellte der
Verfasser zur Verfügung.

Umschlaggestaltung von F. Steinen-Broo,
eStudio Calamar, Pau, Spanien unter Verwendung einer Aufnahme von Achim Bühler (Autor beim Fliegenbinden) sowie Wolfgang
Hauer (Forelle mit Fliege).

Die Deutsche Bibliothek – CIP-Einheitsaufnahme
Ein Titelsatz für diese Publikation ist bei
Der Deutschen Bibliothek erhältlich

KOSMOS Bücher • Videos • CDs • Kalender •
Experimentierkästen • Spiele • Seminare
Natur • Natur-Reiseführer • Garten
und Zimmerpflanzen • Heimtiere •
Astronomie • Pferde & Reiten • Angeln & Jagd
• Kinder- und Jugendbuch • Eisenbahn/Nutzfahrzeuge
Informationen senden wir Ihnen gerne zu:
KOSMOS Verlag · Postfach 10 60 11 · 70049
Stuttgart · Telefon 07 11-21 91-0
Fax 07 11-21 91-422, www.kosmos.de

Gedruckt auf chlorfrei gebleichtem Papier

1. Auflage: © 1991, Verlag Paul Parey, Hamburg und Berlin

2., durchgesehene Auflage
© 2000, Franckh-Kosmos Verlags-GmbH &
Co., Stuttgart
Alle Rechte vorbehalten
ISBN 3-440-08108-7
Printed in Czech Republic/Imprimé en République tchéque
Satz: Frank de la Porte, Verlag und Werbeagentur, Küps
Druck und buchbinderische Verarbeitung: Těšínská Tiskárná, Ceskỳ Těšín

Vorwort

Das Binden künstlicher Fliegen hat bei uns in Mitteleuropa in den letzten zwei Jahrzehnten einen enormen Aufschwung genommen. Mit der im Vergleich zu anderen Sparten der Angelfischerei stürmischen Entwicklung des Fliegenfischens wuchs auch die Zahl der Fliegenbinder und – besonders positiv zu erwähnen: es nahm die Qualität der selbstgebundenen Fliegen zu.

Daraus ist zu schließen, daß es den Fliegenbindern nicht nur um Kostenersparnis und Verbesserung der Versorgung mit bestimmten Mustern ging und geht, sondern daß Kreativität und Liebe zum Detail in das Binden eingeflossen sind. Das ist gut so, denn der wichtigere Aspekt des Bindens umfaßt die ideellen Faktoren. Ich denke dabei an die Schöpfung neuer Muster, die Verbesserung bekannter und Entwicklung neuer Techniken und vor allem an die häufig dem Binden vorangehende Naturbeobachtung. Diese drei Faktoren haben dazu beigetragen, daß sich die Fliegenbinder im mitteleuropäischen Raum keineswegs mehr vor den Bindern in den klassischen Fliegenfischerländern USA und England zu verstecken brauchen.

So lobenswert diese Leistungsspitze ist, so beklagenswert ist die Situation der Einsteiger und derjenigen, die sich mit einer Handvoll Fliegen das Jahr über selbst versorgen wollen und keine weiteren Ambitionen haben. Sie sind auf Artikel in Zeitschriften, auf Lehrbücher und Bindekurse angewiesen. Dabei wird viel mißverstanden und fehlinterpretiert. Das ist nicht verwunderlich, denn sowohl Autoren als auch Kursleiter sind überwiegend Amateure, die nicht immer die ausreichende fachliche Qualifikation besitzen und kaum Erfahrung in der Vermittlung komplizierter Vorgänge haben. Daraus resultieren die überaus zahlreichen Fehler und Umständlichkeiten, mit denen sich die überwältigende Mehrheit der Binder bis ans Ende ihres Fliegenbinderlebens herumärgert.

Daß kein Ende dieser Tendenz in Sicht ist, hat mir den entscheidenden Anstoß gegeben, dieses Buch zu verfassen. Es soll zahlreiche Fragen beantworten, die während des Bindens auftauchen und viel zu oft unbeantwortet bleiben. Dabei habe ich mir zur Aufgabe gemacht, rationelles und unkompliziertes Binden zu vermitteln. Denn nur das ist ausreichende Grundlage für die später folgenden schwierigeren Handgriffe.

Ein weiteres erklärtes Ziel ist es, den Leser vor unsinnigen Materialeinkäufen zu bewahren, nicht nur dadurch, daß die Anschaffung seltener und teuerster Naturprodukte ad absurdum geführt wird, sondern auch den Tieren als Lieferanten unserer Materialien zuliebe. Denn die Bindevorgaben unserer Vorväter berechtigen uns heute nicht, durch Schaffung oder Erhaltung von Märkten die Lebenschancen jedweder Tierart in irgendeiner Weise zu beeinträchtigen.

Ein Buch wie dieses ist so aufwendig, daß man als Autor auf fremde Hilfe angewiesen ist. Ich danke daher Willi Rottler von der Firma Expert Anglers, Mistelbach, für die Überlassung der zahlreichen Bindematerialien und dem Fotografen Achim Bühler, Küps, der in professioneller Arbeit die Farbfotos hergestellt hat.

Küps, im Januar 1991
Frank de la Porte

Inhalt

Wie dieses Buch Fliegenbinden vermittelt 9

Die wichtigsten Werkzeuge und Materialien 11

Werkzeuge 11
Bindestöcke 11
Hechelklemmen 13
Knotenbinder (Whip Finisher) 14
Spulenhalter 14
Sonstige Werkzeuge 14

Haken 15
Formen und Eigenschaften 15
    Das Öhr 15
    Der Schenkel 16
    Der Hakenbogen 16
    Die Hakenspitze 18
    Der Schonhaken 18
    Die Hakenöffnung (gape) 19
Terminologie 19
    Die Größenbestimmung 19
Die gebräuchlichsten Muster 21

Fäden 21
Hauptfäden 21
Zierfäden 22
    Chenille 22
    Floss 23
    Drähte 23
    Kräuselkrepp 24
    Tinsel 24
    Wolle 24

Die wichtigsten natürlichen und künstlichen Materialien 25
Körpermaterialien 25
    Natürliches Dubbingmaterial 25
    Synthetisches Dubbingmaterial ... 25
    Fibern 26
    Kiele 26
    Haare 29
Flügelmaterial 29
    Hechelspitzen 29
    Rupffedersegmente 29
    Schwungfedersegmente 30
    Synthetisches Flügelmaterial 30
    Tierhaare 30
Fahnenmaterial 31
    Federn 31
    Felle 31
    Haare 32
    Synthetische Fibern 32
Hechelmaterial 32
    Indische Bälge 33
    Die Sonderzüchtungen 33
    Die Farben der Fliegenbinder 50
Schwanzmaterial 51

Farbteil:
Bindematerialien im Detail 34

Grundtechniken des Fliegenbindens 53

Die vier Grundtypen der Fliegen und ihre Proportionen 53
Der Streamer 53
Die Naßfliege 53
Die Nymphe 54
    Eintagsfliegennymphen 54
    Steinfliegennymphen 54
    Köcherfliegennymphen 55
Die Trockenfliege 55

Grundlegende Arbeitsgänge 56
Das Einspannen des Hakens 56
Das Einbinden des Hauptfadens 58
Das Einbinden von Materialien 59

Material gehört auf den Haken ... 60
Der Abschlußknoten 62
Der Halbe Schlag 63
Der Kopfknoten mit dem
Whip Finisher 64
Die Wickelrichtung 65
Wenn der Faden reißt 66
Trocken oder naß? 66
So dreht man Haare herum 67
Lackieren 68
Kleben 69

Der methodische Aufbau 69
Streamer, Naßfliege, Nymphe 69
   Streamer 69
   Naßfliege 71
   Nymphe 72
Trockenfliege 73

Fliegen im Detail 74
Ein Steamer entsteht 75
   Das Herstellen von Augen 80
   Wenn sich die Haare aufstellen .. 81
   Der Federstreamer 82
   Die Verarbeitung extrem
   flauschigen Materials 85
   Der Maraboustreamer 85
Eine Naßfliege entsteht 88
   Flügel aus Fibern einer
   Rupffeder 91
Eine Nymphe entsteht 92
   Beinchen aus einer Rupffeder,
   gewunden 94
   Beinchen aus einer Rupffeder,
   flach gelegt 95
   Beinchen im Thorax
   eingebunden 97

Die Steinfliegennymphe 97
Die Köcherfliegennymphe 100
Eine Trockenfliege entsteht 102
   Das Anwinden der
   Hechelfeder 103
   Die Flügel 105
   Der Aufbau einer
   Trockenfliege 110
   Variationen der
   Flügelstellung 113
   Variationen von
   Schwänzchen 114
   Variationen von Körpern 116

Spezielle Bindetechniken 117
Der Bachflohkrebs 118
Die No-Hackle-Fliege 119
Die Goldkopfnymphe 120
Die Swannundaze-Nymphe 120
Der Rehhaarkopf
(Muddlerkopf) 121
Der Tandemstreamer 123
Streamer mit Flashabou 124
Matuka Streamer 125
Thundercreek Streamer 126
Die Köcherfliege
(Sedge oder Caddis) 128
   Flügel aus Haaren
   (Rehhaar-Sedge) 129
   Flügel aus präparierten
   Rupffedern 130
   Ein Muster für Köcherfliege und
   Steinfliege? 131
Die Devaux-Bindeweise 131
„Gestrickte" Nymphenkörper 132
Die Jig-Fliege 134

Ausblick 137

Sachregister 139

Wie dieses Buch Fliegenbinden vermittelt

Schon beim ersten Durchblättern werden Sie feststellen, daß sich dieses Buch von der üblichen Fliegenbindeliteratur einschließlich der zahlreichen amerikanischen Bücher erheblich unterscheidet. Sie werden vergeblich nach Anleitungen für viele bekannte Muster suchen. Verbindliche Materialvorgaben fehlen völlig und auch die überflüssigen Empfehlungen seltener und deshalb kaum käuflicher Federn bleiben Ihnen erspart. Das alles ist auch gar nicht nötig, wenn man sich zum Ziel gesetzt hat zu lernen, wie man Fliegen richtig bindet.

Dieses Buch will nichts anderes vermitteln als den richtigen Aufbau einer Fliege und die rationelle Handhabung der Materialien. Das ist viel wichtiger als das bescheidene Erfolgserlebnis, nach einer Stunde des Einstiegs eine Peter Ross zu binden und beim nächsten Muster nicht mehr weiterzuwissen.

Wer nach diesem Buch vorgeht, lernt alle wichtigen Handgriffe kennen, vor allem auch die unwichtig scheinenden und jene, die man bei Experten schon hundertmal gesehen hat, ohne sie zu begreifen.

Dieses Buch ist als Fliegenbindekurs in Wort und Bild zu verstehen. Es ist die Zusammenfassung von Erfahrungen aus weit über 100 Bindekursen. Daß dabei auf typische Schwachstellen der Lernenden wie zum Beispiel das mangelnde Verständnis für Proportionen eingegangen wird, das ist selbstverständlich.

Ein weiterer Vorzug des Aufbaus ist die strikte Vermeidung von Wiederholungen. Bindeschritte, die bereits besprochen wurden, werden nur noch kurz angeführt, um eine Anleitung zu vervollständigen. Schwerpunkte in Text und Bild sind immer nur neue Verfahrensweisen. Das konsequente Durchhalten dieser Methodik hat dazu geführt, daß die Kapitel über den Streamer und die Trockenfliege besonders umfangreich sind.

Das Kapitel über den Streamer beinhaltet die wichtigsten elementaren Handgriffe und soll den richtigen Umgang mit Werkzeug, Faden und Material vermitteln. Das Kapitel über die Trockenfliege hingegen zeigt die grundlegenden Handgriffe mit kleinen und feinen Materialien und die Varianten von Trockenfliegen, die bei unseren überfischten Gewässern immer notwendiger werden.

In den Anleitungen vom Streamer bis zur Trockenfliege wird versucht, Sie mit den verschiedenen Materialien und Handgriffen systematisch vertraut zu machen. Sie lernen dabei immer schwieriger werdende Arbeiten, und zwar sowohl bezüglich der Fingerfertigkeit als auch der einzubindenden Teile und der Techniken.

Dieses Konzept ermöglicht es, das Buch nach intensivem Durcharbeiten auch als Nachschlagewerk zu benutzen. Die Schwierigkeiten, die beim selbständigen Binden auftreten, liegen nämlich nicht darin, nicht zu wissen, *was* für ein Material man verarbeitet, sondern *wie* man das tut. Diese Fliegenbindeschulung ist deshalb eine sinnvolle Ergänzung zu jeder Bindeanleitung in Form von Materialvorgaben.

Bei aller Toleranz, ohne die in unserem schönen Hobby nichts geht: Jeder Lehrer, jeder Autor hat seine eigene Handschrift und legt sich, häufig ungewollt, auf bestimmte Vorgehensweisen und Techniken fest. Davon kann ich mich nicht ausnehmen. Dennoch: Erfahrungen in der Praxis führen stets zu einer gewissen Synthese. Das war auch bei mir so. Deshalb habe ich Techniken, Methoden und Handgriffe, die mir umständlich und weniger rationell erscheinen, übergangen. Warum sollten Sie auch danach binden wollen, wenn es eine bessere Möglichkeit gibt.

Dort allerdings, wo Alternativen sinnvoll oder gleichwertig sind, wurden sie textlich oder bildlich erläutert.

Der Leser wird das Binden von Lachsfliegen vermissen. Das hat seinen Grund: Lachsfliegen, einerlei ob *traditional* oder *reduced* (herkömmlich mit Federsegmenten oder reduziert und abstrahiert mit Haaren) gebunden, enthalten keinerlei Bindeelemente, die nicht bei den Forellenfliegen vorkommen. Da dieses Buch auf die richtige Verarbeitung des Materials und auf den rationellen Aufbau abgestellt ist, käme es bei der Beschreibung von Lachsfliegen ausschließlich zu Wiederholungen.

Dieses Buch erhebt nicht den Anspruch, alle Bindetechniken und -methoden erschöpfend zu behandeln. Ausgefallene und unpopuläre Techniken wurden ebensowenig berücksichtigt wie solche Fliegentypen, die nur lokal von Bedeutung oder zu den Modefliegen zu rechnen sind.

Noch ein Wort zu den Veteranen der Zunft: Binder mit Erfahrung neigen dazu, ganze Passagen zu überfliegen, wenn ihnen der Stoff bekannt vorkommt. Das ist entschuldbar, aber auch gefährlich: Denn allzu häufig bleiben dabei Dinge unbeachtet, die später an wichtigen Passagen vorausgesetzt werden. Das könnte zu den allseits bekannten Schwierigkeiten führen, die ich gerade mit diesem Buch aus dem Wege räumen möchte.

Die wichtigsten Werkzeuge und Materialien

Werkzeuge

Bindestöcke

Im Handel sind recht verschiedenartige Bindestöcke erhältlich. Von ganz wenigen Ausnahmen abgesehen, erweisen sich alle als grundsätzlich tauglich. Unterschiede bestehen hauptsächlich im Material, in der Verarbeitung und im Bedienungskomfort.

Allen eigen ist ein Backenverschluß, durch den der Haken gehalten wird. Dieser Verschluß ist das eigentliche Qualitätsmerkmal eines Bindestockes. Im Idealfall schließen die Backen parallel und laufen nach vorn nicht spitz zu. Spitz zulaufende Backen bewirken beim eingespannten Haken vorn einen höheren Druck auf das Material als hinten.

Gleiches gilt für die Klemmfähigkeit in der Senkrechten. Klemmen unsauber schließende Backen unten früher, d. h. fester als oben, wirkt der gesamte Klemmdruck praktisch auf einen Punkt des Hakens. Das kann für den durch Widerhaken und Spitze geschwächten unteren Bereich des Hakens fatale Folgen haben.

Auslöser für den Klemmvorgang ist in aller Regel ein Hebel hinten oder seitlich mit Federdruck oder ein Rad. Für welches System man sich entscheidet, ist gleich. Wichtig ist nur, daß die Klemmmechanik leichtgängig ist, das Einspannen des Hakens mühelos erfolgen kann und daß sich die Verschlußposition der Backen nicht verändert.

Eine andere Sache ist freilich die der Haltbarkeit bei häufiger Benutzung. Neben einigen europäischen und amerikanischen Original-Bindestöcken sind die entsprechenden Kopien aus Asien, vorwiegend aus Indien, auf dem Markt.

Während die Stöcke aus den USA und Europa praktisch unverschleißbar sind, weil sie aus erstklassigem und vor allem geeignetem Material hergestellt sind, zeigen die Imitate regelmäßig Ermüdungserscheinungen im Material, Risse und bei reibenden Teilen Abnutzung.

Auch die Oberfläche der Imitate ist oft nicht sehr langlebig: Verchromungen platzen und bilden Grate, die den Bindefaden durchtrennen. Gelegentlicher Rost auf den Innen- oder Außenseiten der Backen sorgt für das gleiche Malheur.

Wer einen Bindestock kaufen möchte, steckt seine Bedürfnisse und Möglichkeiten am besten ab und entscheidet dann nach folgender Checkliste.

Checkliste Bindestöcke:
a) Finanzielle Höchstgrenze
b) Finish: 1. hell oder verchromt
 2. matt oder dunkel
c) verwendete Hakengrößen
d) halbrunde Backen oder spitze Backen
e) Klemmung durch Hebel, Federdruck oder Rad
f) Befestigungsvorrichtung:
 1. Standmodell ohne Höhenverstellung
 2. U-Profil für Tischplatte mit Höhenverstellung
g) Drehbare Backen
h) Veränderbarer Arbeitswinkel
i) Materialqualität der Backen
k) Ersatzteile

Werkzeuge

Der Bindestock mit dem Spannhebel am Ende der Tube ist die klassische und überaus bewährte Ausführung. Der amerikanische Hersteller Thompson hat von seinem populärem Modell A über eine Million Stück verkauft. Professionelle Binder schätzen dieses System wegen seiner Zuverlässigkeit und Robustheit, vor allem aber wegen der Schnelligkeit, mit der ein Haken eingespannt werden kann. Ein ganz entscheidender Vorteil dieses Systems liegt darin, daß sich der Backendruck schnell und mit Gefühl regulieren läßt. Das ist ausschlaggebend für die wechselweise Arbeit mit kurzen und langen, großen und kleinen Haken.
Die U-förmige Klammer ermöglicht eine sichere Befestigung des Stockes an jeder normalen Tischplatte oder an einem Bindebrett.

Das Tischmodell (rechts oben), im Foto eine modifizierte Kopie des Thompson A, ist zeitweilig in Mode gekommen, hat sich aber nie durchgesetzt. Die Befestigungsplatte für den Bindestock erlaubt kaum eine Höhenverstellung und zwingt daher den Binder zu einer bestimmten Armhaltung, die je nach Unterarmlänge äußerst unbequem sein kann.
Dieser Nachteil wird durch den einzigen Vorteil, nämlich auf Reisen unabhängig von Tischplatte oder Brett zu sein, nicht ausgeglichen.

Bindestöcke, bei denen die Backen durch einen Federdruck gespannt werden, sind die jüngste Entwicklung auf diesem Gebiet. Die Arbeit mit einem solchen System ist recht bequem und schnell. Allerdings hat es einen entscheidenden Nachteil: Der Spanndruck ist nicht regulierbar. Das bedeutet, daß Haken der Größe 18 mit dem gleichen Preßdruck gehalten werden wie langschenklige Streamerhaken der Größe 2. Das führt zwangsläufig dazu, daß bei kleinsten Haken zu starker und bei großen Haken möglicherweise zu wenig Druck auf den Draht ausgeübt wird.

Bindestöcke · Hechelklemmen 13

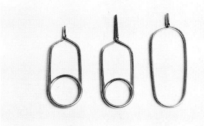

nicht zu glatt sind. Bewährt hat sich das Überziehen eines Backens mit Ventilgummi, das einen schonenden und extrem guten Halt aller Materialien bewirkt.

Die Justierung des Backenverschlusses per Rändelmutter ist das älteste System und wird heute kaum noch akzeptiert. Vor allem bei langschenkligen Haken, die einen hohen Backendruck erfordern, hat sich das Rad zum Justieren als zu umständlich erwiesen.
Heute findet sich dieses System überwiegend an ganz einfachen Bindestöcken für Einsteiger, die nicht viel investieren wollen.

Links: Der englische Typ, der sich millionenfach bewährt hat. Einer der beiden Backen ist mit einem Ventilgummi überzogen.
Mitte: Gut gemeint, aber völlig überflüssig sind die extrem langen Backen.
Rechts: Die amerikanische Version unterscheidet sich vom englischen Typ durch das Fehlen des Federringes.

Hechelklemmen

Hechelklemmen sind Hilfswerkzeuge zum Ergreifen von und Arbeiten mit feinen Materialien. Mit „fein" sind nicht nur empfindliche und leicht reißende Materialien wie die Hechelfeder gemeint, sondern auch dünne und kurze wie Zierfäden, Federspitzen und Fibern. Wo immer die Finger der menschlichen Hand zu groß und unbeholfen sind, wird zum Festhalten die Hechelklemme eingesetzt.
  Die Qualität einer Hechelklemme richtet sich niemals nach dem Klemmdruck, sondern nach dem Haltevermögen der Backen. Die Gratfreiheit und das parallele Schließen sind unabdingbar, während Form und Größe zweitrangig sind.
  Wichtig ist auch, daß die Backen innen

Die Werkzeuge des Italieners Pragliola sind erstklassig verarbeitet und mit allen Finessen ausgestattet.
Links: Hechelklemme mit Federzug, der ein Abreißen von Materialien verhindern soll.
Rechts: Die rotierende Hechelklemme soll ein Verdrehen des Materials während des Windens ausschließen. Das wird dadurch erreicht, daß sich die Achse dieser Klemme im Griff frei bewegen und beim Winden rotieren kann.

Knotenbinder (Whip Finisher)

Jede Fliege wird mit dem Verborgenen Knoten (Fachjargon: Whip Finish) abgeschlossen. Da dieser Knoten nicht ganz einfach zu fertigen ist, vor allem nicht bei kleinen Fliegen, bedient man sich dieses Hilfsgeräts.

Whip Finisher funktionieren nach zwei Methoden, die in der Konstruktion der beiden Gerätetypen ihren Niederschlag finden.

1. Eigengewicht, damit der verarbeitete Faden ständig unter Spannung steht und
2. eine Tube, durch die der Faden geführt wird und mit der die Fadenführung auch auf engstem Raum möglich ist. Die Tube muß zur Vermeidung von Abrissen völlig gratfrei sein.

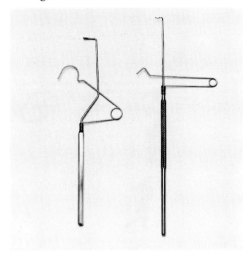

Die englische Version des Knotenbinders (links) hat sich allgemein durchgesetzt. Sie ermöglicht die Herstellung des Kopfknotens, ohne daß dabei das Gerät auf den Haken aufgelegt werden muß. Das ist ein entscheidender Vorteil beim Binden kleiner Fliegen. Eine detaillierte Anleitung für die Anwendung finden Sie im Kapitel „Der Kopfknoten mit dem Whip Finisher".
Rechts die kaum noch gebräuchliche amerikanische Variante. Ihr Nachteil ist, daß das Gerät auf dem Hakenschenkel aufgelegt werden muß.

Zwei grundverschiedene Systeme:
Links: Dieser Spulenhalter wird mit der ganzen Hand gehalten. Das Gewicht an der Gabel oben dient der Erhöhung des Eigengewichtes.
Rechts: Dieses Modell wird nur mit Daumen und Zeigefinger gehalten. Eine solche Handhabung erlaubt eine optimale Fadenführung und eine Regulierung der Fadenspannung mit den Fingerspitzen.

Sonstige Werkzeuge

Einfädler: Dieses praktische wie simple Gerät besteht aus einer Drahtschlaufe und einem Griff, mit der sich zeit- und nervensparend Fäden durch die Tube von Spulenhaltern führen lassen. Es ist unbedingt empfehlenswert.

Pinzette: Ein Universalwerkzeug, das man immer wieder einmal braucht. Es ist zum Aufnehmen kleinster Bindematerialien und Haken geeignet.

Dubbing- und Lackiernadel: Sie besteht aus einer einfachen Nadel mit Griff und wird vornehmlich zum Auflockern von

Spulenhalter

Der Spulenhalter dient dem Halten der Fadenspule von Haupt- oder Zierfäden. Er hat zwei kennzeichnende Merkmale:

Flusenmaterial, zum Durchstoßen verklebter Hakenöhre und zum Lackieren des Whip Finish verwendet.

Schere: Vergessen Sie alles, was für Fliegenbinder in Fernost gefertigt wird. Ihre Bindeschere muß feine Fäden, gelegentlich auch ein Stück Draht, hauchdünne Fibern und gleichzeitig Büschel dicker Rehhaare durchtrennen können. Das alles erfordert ein erstklassiges Material und eine ebensolche Verarbeitung. Alle Profis der Welt schwören auf deutsche Scherenqualität. Sie sind gut beraten, wenn Sie sich das beste anschaffen, was Sie kriegen können, und sich eine Schere fürs ganze Leben kaufen.

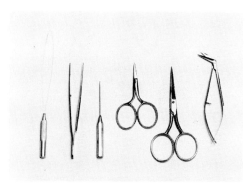

Von links nach rechts: Einfädler, Universalpinzette, Dubbing- und Lackiernadel, zwei Scheren in Solingen-Qualität, eine Federbügelschere für feinste Arbeiten.

Haken

Formen und Eigenschaften

„Der Haken ist der schwächste Bestandteil einer Ausrüstung". So lautet eines jeden Anglers geläufiger Grundsatz. Er gilt insbesondere für die kleinen und aus feinstem Draht hergestellten Trockenfliegenhaken. Diese sind trotz Härtung und Flachung im Hakenbogen relativ empfindlich und daher anfällig gegen jeglichen Mißbrauch. Wichtige Hinweise über die schonende Behandlung des Hakens beim Binden finden Sie unten im Kapitel „Grundlegende Arbeitsgänge".

Die fünf größten Hersteller von Fliegenhaken (Mustad, Partridge, VMC, Kamasan und Tiemco) bieten weit über 100 verschiedene Muster an, die nach keiner allgemein verständlichen Terminologie und Größentabelle spezifiziert werden können. Allein das Lesen der Verpackungen bereitet große Mühe und führt ständig zu Mißverständnissen. Da Beschreibungen von Haken stets in englischer Sprache verfaßt sind, müssen die entsprechenden Fachbegriffe übersetzt und erläutert werden.

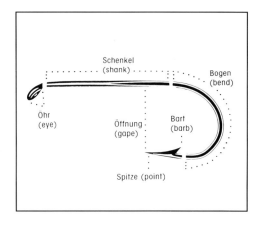

Die englischen Bezeichnungen sind Weltstandard für die Spezifikation.

Das Öhr

Die Form des Hakenöhrs gibt es in fünf Versionen, von denen vier sehr häufig vorkommen. Man unterscheidet zunächst einmal zwischen dem verjüngten Öhr (tapered eye) und dem stumpfen Öhr (ball eye). Beim verjüngten Öhr ist der Draht am unmittelbaren Ende, wo

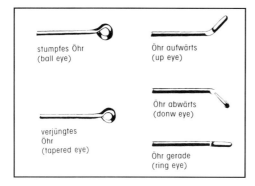

*Linke Spalte: Oben: Das stumpf abgeschnittene Öhr (ball eye) ist nur für große Haken geeignet, bei denen der Durchlaß immer wesentlich größer ist als der Durchmesser der Vorfachspitze.
Unten: Kleine Haken haben mitunter winzige Öhre. Um den Schnurdurchlaß so groß wie möglich zu halten, ist der Draht angespitzt.*

*Rechte Spalte: Oben: Das aufwärts gerichtete Öhr ist in England heute noch sehr beliebt. Es hat den Vorteil, daß es den Raum zwischen Schenkel und Hakenspitze nicht verkleinert. Nachteil: Die Zugrichtung ist nicht die gleiche wie die Hakrichtung.
Mitte: Das abwärts gerichtete Öhr verkleinert zwar die Hakenöffnung, die Zugrichtung ist aber wesentlich günstiger. In allen Ländern der Erde (Ausnahme England) werden abwärts gerichtete Öhre für Trocken- und Naßfliegen und Nymphen bevorzugt.
Unten: Das gerade Öhr ist ein guter Kompromiß. Es wird für langschenklige Maifliegen- und Streamerhaken, vor allem aber für Kleinsthaken der Größen 22–28, bevorzugt.*

sich das Öhr schließt, zugespitzt. Beim stumpfen Öhr hingegen ist der Draht senkrecht abgeschnitten.

Alle kleineren Haken (etwa ab Größe 12) werden mit einem verjüngten Öhr hergestellt, damit der Schnurdurchlaß möglichst groß bleibt. Bei den größeren Haken spielt der Durchlaß kaum eine Rolle, daher wird der Draht aus Kostengründen senkrecht abgetrennt.

Neben der Form des Öhrs unterscheidet man hauptsächlich nach der Stellung zum Hakenschenkel. Gebräuchlich sind sowohl das aufwärts gerichtete Öhr als auch das in einer Flucht mit dem Hakenschenkel verlaufende und nach unten abgewinkelte Öhr.

Der Schenkel

Als Hakenschenkel bezeichnet man die in den meisten Fällen gerade verlaufende Sektion zwischen dem Öhr und dem Hakenbogen.

Der Schenkel ist der eigentliche Träger des Bindematerials. Seine Länge und das Verhältnis seiner Länge zur Größe des Hakenbogens sind daher besonders wichtig. Beides entscheidet über die Proportion der Fliege und ihre Hakqualität. Um Irrtümer zu vermeiden: Bitte beim Ausmessen des Schenkels niemals das Öhr mitrechnen.

Der Hakenbogen

Er gibt dem Haken die entscheidende Form. Dem Fliegenbinder stehen heute drei Grundformen zur Verfügung:

1. Der Rundbogen, englisch round bend genannt. Bei Mustad heißt diese Form Viking, bei Partridge perfect bend oder redditch bend, bei Kamasan round bend, bei VMC und Tiemco kurz round.
  Vereinfacht kann man diese Form trotz der minimalen Abweichungen des Hakenbogens als einen Halbkreis bezeichnen.
2. Der Sproat-Bogen. Er besteht in der unteren Hälfte aus einem Rundbogen, die obere Hälfte ist jedoch durch einen „fließenden" Übergang vom geraden Schenkel zur unteren Bogenhälfte gekennzeichnet.
3. Der Limerick-Bogen. Der nach der irischen Stadt benannte Hakenbogen besteht aus einer nach schräg unten verlaufenden Geraden, die in eine starke Biegung übergeht.

Formen und Eigenschaften 17

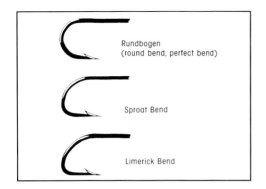

Oben: Der Rundbogen, vereinfacht als Halbkreis zu bezeichnen.
Mitte: Die Sproat-Form ist durch fließenden Übergang vom Schenkel zum Hakenbogen gekennzeichnet.
Unten: Der Limerick-Bogen besitzt eine geringe Öffnung, ist jedoch die stabilste aller Formen.

Während Rund- und Sproat-Bögen überwiegend für die kleineren Muster verwendet werden, wird der Limerick-Bogen für große Fliegen, etwa Maifliegen und Streamer, bevorzugt. Das erklärt sich allein aus der Tatsache, daß beim Limerick-Bogen die Hakenöffnung relativ gering und nur für die größeren Hakenmuster ausreichend ist.

Kleine Fliegenmuster werden zur Erzielung einer optimalen Hakqualität stets auf Haken mit größerer Hakenöffnung gebunden.

Den Anteilen der Biegung entspricht die Festigkeit des Hakens. Der Rundbogen mit einer gleichmäßigen Rundung ist im Vergleich zum Sproat-Bogen schwächer. Der Limerick-Bogen mit seinen beiden Winkeln ist dagegen der stärkste, hat jedoch, wie bereits angeführt, den entscheidenden Nachteil einer zu geringen Öffnung bei kleinen Hakenmustern.

Für welche Form man sich schließlich entscheidet, ist eine Sache des persönlichen Geschmacks. Wer nach untenstehender Tabelle seine Hakenauswahl trifft, ist gut beraten.

Die Tabelle berücksichtigt, daß bei manchen Fliegentypen ein gerader, nicht nach unten abknickender Schenkel zwingend erforderlich ist. Bestes Beispiel dafür ist eine Maifliege, deren Leib nach hinten aufwärts gerichtet sein sollte. Ein Sproat-Bogen läßt eine solche Imitation nicht zu, da er nach hinten hin abwärts gebogen ist. Bei Rundbogen und Limerick-Bogen verläuft der Schenkel wenigstens gerade.

Ähnliches trifft auf den Streamer zu, dessen Körper einen geraden Schenkel verlangt, der jedoch auf einem Sproat-Haken grundsätzlich nicht möglich ist.

Der geflachte Hakenbogen: Da Rundbogen und Sproatbogen Nachteile bezüglich der Zugfestigkeit haben, haben die Hakenhersteller versucht, durch Flachung des runden Drahtstiftes, aus dem jeder Haken besteht, mehr Stabilität zu erzeugen. Daher taucht bei einigen Hakenmustern der Begriff *forged* auf. Er bedeutet, daß der Hakenbogen, gelegentlich sogar Bogen und Schenkel, so geflacht wurde, daß seine Zugfestigkeit in Richtung Öhr erhöht wird. Tatsächlich sind solche Haken durch eine derartige Bearbeitung in Längsrichtung stabiler, sie haben jedoch zwei Nachteile:
1. Der Haken wird bei Belastung in seitlicher Richtung schwächer und bricht

	Streamer bis Gr. 6	Streamer Gr. 8–12	Maifliegen	Großnymphen	Trockenfliegen ab Gr. 10 und kleiner
Rundbogen	bedingt	ja	ja	ja	ja
Sproatbogen	bedingt	bedingt	bedingt	nein	ja
Limerickbogen	ja	bedingt	ja	ja	nein

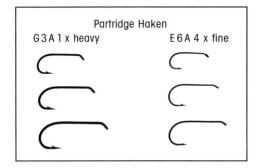

*Drahtstärken im Vergleich:
Links ein normaldrahtiger Nymphenhaken, rechts ein feindrahtiger Trockenfliegenhaken mit geflachtem Bogen.*

leichter, wenn er sich im Knorpel eines Fischmauls befindet.
2. Der an sich schon feine Draht eines kleinen Trockenfliegenhakens wird durch die Flachung noch dünner und kann zu leicht ausschlitzen. Er wirkt bei intensivem Zug während des Drills und beim Anschlagen wie ein stumpfes Messer.

Die Hakenspitze

Die Hakenspitze umfaßt die äußerste Spitze eines Hakens bis hinter die Kerbung, wo der Drahtstift wieder seine

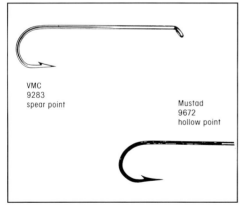

Die Spitze ist der schwächste Teil eines Hakens. Links eine normale Spitze, rechts eine extra lange Spitze, die das Risiko eines Bruches erhöht.

volle Stärke hat. Während die Form der Spitze, einerlei, ob sie maschinell geschnitten oder geschmirgelt ist, kaum Anlaß zu Kritik gibt, werden von den Hakenherstellern bezüglich der Länge der Spitze und der Kerbungstiefe erhebliche Fehler gemacht.

Die Spitze des Hakens sollte aus Gründen der Stabilität so kurz wie möglich sein. Extra lange Spitzen sind nichts anderes als ein Risiko, weil sie sich viel zu leicht verbiegen und brechen, vor allem, wenn von der Seite Druck oder Zug auf den Haken ausgeübt wird. Sie sind daher gut beraten, auf Haken mit der Spezifikation *extra long point* (extra lange Spitze) zu verzichten.

Das gleiche gilt für Haken, die zu tief gekerbt sind. Die Kerbung, die bei der Herstellung des Widerhakens entsteht, darf maximal 25 Prozent der Drahtstärke ausmachen. Ist der Schnitt in den Stahl tiefer, sind Brüche unvermeidbar. Leider machen die Hersteller diesbezüglich keine Angaben, so daß der Fliegenbinder zunächst auf ein gesundes Augenmaß und später auf persönliche Erfahrung angewiesen ist.

Der Schonhaken

Bei dieser Gelegenheit sei darauf hingewiesen, daß der Widerhaken mitsamt seiner Kerbung ohnehin völlig überflüssig ist.

Die Fischer stehen ja seit Jahren im Kreuzfeuer der Kritik, und es ist abzusehen, daß auch bald über Sinn und Unsinn des Widerhakens öffentlich diskutiert wird.

Der Widerhaken ist ja offensichtlich deshalb erfunden worden, um zu verhindern, daß ein Fisch einen Haken aus dem Maul schütteln kann. Solches Ansinnen mag im Zeitalter unserer Vorväter seine Berechtigung gehabt haben. Heute jedoch, bei der Fischerei mit hochsensiblen Ruten und verfeinerten Angeltechniken, kann ein solches Argument nicht mehr greifen. Jeder Fischer weiß heute, daß bei richtig ausgeführtem Drill kein einziger Fisch mehr verlorengeht, nur weil der Widerhaken fehlt. Der Angstbart, wie der Widerhaken ebenso scherzhaft wie zutreffend bezeichnet wird, ist also völlig entbehrlich.

Er sollte auch aus Gründen der Hege von unseren Bindetischen verschwinden. Bedenkt man, wieviel untermaßige Fische ungewollt gehakt werden und welche Tortur das Entfernen des Widerhakens häufig ist, sollte sich jeder zu der der Fliegenfischerei angemessenen Rücksichtnahme aufraffen können und dieser überflüssigen Einrichtung Lebewohl sagen.

Wer Beschaffungsprobleme mit widerhakenlosen Haken hat, kann sich damit behelfen, den Widerhaken mit einer feinen Zange herunterzudrücken. Besser ist es jedoch, von vornherein auf speziellen bartlosen Haken zu binden.

Die beiden gebräuchlichen Formen des Schonhakens:
Links ein Haken ohne Kerbung und damit ohne Widerhaken, rechts ein herkömmlicher Haken, bei dem der Widerhaken heruntergedrückt wurde.

Die Hakenöffnung (gape)

Die Entfernung von Schenkel zu Spitze ist das einzige Kriterium für die Definition der Hakengröße. Verfallen Sie nie dem Fehler, die Hakengröße nach der Gesamtgröße oder der Schenkellänge zu beurteilen.

Übergehen Sie auch die relativ häufige Bezeichnung *wide gape* (weiter Bogen). Eine solche Angabe widerspricht jeglicher Logik und ist nur ein Werbegag, um den Verkauf zu fördern.

Im folgenden Kapitel werden die Hakengrößen behandelt; wenn Sie das durchgearbeitet haben, werden Sie verstehen, warum es einen Wide Gape Haken nicht geben kann.

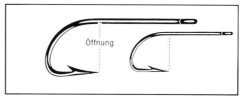

Die Entfernung von der Hakenspitze zum Schenkel nennt man Hakenöffnung. Sie steht bei einem normal langen Haken in einem festgelegten Verhältnis zur Schenkellänge.

Terminologie

Wie bereits aufgeführt, sind auf den Verpackungen der Haken die Spezifikationen nur in englischer Sprache abgedruckt. Nachdem nun die Elemente des Hakens besprochen sind, sollte jeder in der Lage sein, sich in der Terminologie zurechtzufinden.

Die Größenbestimmung

Eine verbindliche Größentabelle, die für alle Fabrikate gilt, gibt es nicht. Die Hersteller wehren sich, verbindliche Angaben zu machen, weil sie sich zur exakten Einhaltung von Maßvorgaben nicht verpflichten wollen.

Als Richtwert für Hakengrößen, der dennoch als Hilfsmittel zu zuverlässigen Werten führt, gilt die Redditch-Skala. Sie ist eine uralte Maßtabelle, die in der englischen Hakenmetropole Redditch jahrzehntelang und dort bis heute als richtungsweisend anerkannt wurde. Sie gilt heute allgemein als Standard, wenn auch nur deswegen, weil es keine weiteren Tabellen dieser Art gibt.

Wie bereits angedeutet, ist ausschließlich der Hakenbogen für die Größenfeststellung ausschlaggebend. Die Redditch-Skala, die auf der folgenden Seite im Maßstab 1:1 abgebildet ist, liefert die entsprechenden Informationen.

Zur Größe eines Hakenbogens wird eine bestimmte Schenkellänge empfohlen, die als Normal- oder Standardlänge bezeichnet wird. Ist der Schenkel kürzer

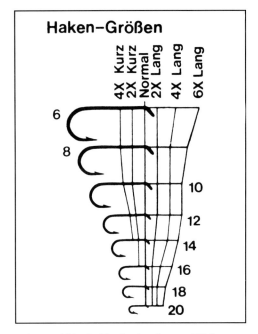

Die Redditch-Skala ist heute Weltstandard für Fliegenhaken. Kein einziger Hakenhersteller hält sich an die vorgegebenen Maße, wohl aber an das System.

oder länger, wird dadurch die Größe des Hakens nicht verändert. Als Kennzeichnung dient lediglich eine Sonderbezeichnung für die Schenkellänge. Anhand einiger Beispiele ist dieses Systematik leicht verständlich:

Ein Haken der Größe 8 hat eine Schenkellänge des größeren Hakens Größe 6. Die Differenz beträgt zwei Hakengrößen, die entsprechende Bezeichnung lautet: Größe 8, 2 x lang. Diese Bezeichnung bedeutet also, daß der Schenkel zwei Hakengrößen länger ist als die Standardlänge. Das enthaltende „x" darf also nicht als „x" im Sinne einer Multiplikation gesehen werden. Im Englischen wird es auch nicht als Malzeichen gelesen, sondern nur als Buchstabe.

Bei einem Haken mit kürzerem Schenkel als Standard heißt es dann analog: Größe 8, 2 x short (kurz). Dieser Schenkel entspricht folglich der kleineren Hakengröße 10.

Hiermit erklärt sich auch, warum es keine Haken mit ungewöhnlich großer Öffnung (wide gape) geben kann, sondern nur solche mit mehr oder weniger kurzem Schenkel.

In gleicher Weise wie mit dem Schenkel verfährt man mit der Drahtstärke. Ein Trockenfliegenhaken Größe 12 mit der Bezeichnung 2 x fine besteht aus einem Drahtstift, der für die kleinere Größe 14 Standard ist. Umgekehrt kann ein Streamerhaken der Größe 6 den stärkeren Draht der Größe 5 haben. Die Bezeichnung lautet dann: Größe 6, 1 x heavy (schwer) oder kürzer: Größe 6, heavy.

Hier zwei Beispiele, wie die Packungsbeschriftungen von Mustad und Partridge, den beiden großen Fliegenhaken-Herstellern, zu verstehen sind.

Mustad

Qual. 9431 Size 10	Best.Nr. 94831 Größe 10
forged	geflacht
straight	gerade (Haken nicht geschränkt)
Viking	Rundbogen
turn down tapered eye	Öhr verjüngt und abwärts gerichtet
bronzed	brüniert
2 x fine	Drahtstärke der Größe 12
2 x long	Schenkellänge der Größe 8

Partridge

Code E 6 AY Size 14	Best.Nr. E 6 AY Größe 14
bronze	brüniert
down eye	Öhr abwärts
perfect bend	Rundbogen
barbless	widerhakenlos („bartlos")
extra fine wire	Drahtstärke der Größe 16

Sie sind gut beraten, wenn Sie sich bemühen, diese Methoden der Auszeichnung zu verstehen. Sie werden damit unabhängig von fehler- und lückenhaften Übersetzungen beim Kauf im Laden oder Versand.

Die gebräuchlichsten Muster

Mustad	Nr.	Verwendung
	94840	Trockenfliegenhaken, Rundbogen-Form
	94845	wie 94840, jedoch ohne Widerhaken
	3906 B	Naßfliegen- und Nymphenhaken, Sproat-Form
	9578 A	Maifliegen- und Nymphenhaken, Rundbogen-Form
	79580	Streamerhaken, Rundbogen-Form

Partridge	Nr.	Verwendung
	L 4 A	Captain Hamilton Trockenfliegenhaken, Rundbogen
	L 4 AY	wie L 4 A, jedoch ohne Widerhaken
	E 1 A	Hooper Trockenfliegenhaken, Rundbogen-Form
	J 1 A	Naßfliegenhaken, Limerick-Form
	H 1 A	Captain Hamilton Nymphenhaken

Kamasan	Nr.	Verwendung
	B 405	Universalhaken, Sproat-Form
	B 400	Naßfliegen- und Nymphenhaken, Sproat-Form
	B 830	Maifliegen- und Nymphenhaken, Sproat-Form
	B 800	Streamer- und Nymphenhaken

Tiemco	Nr.	Verwendung
	TMC 100	Trockenfliegenhaken, Sproat-Form
	TMC 5263	Streamerhaken, Rundbogen-Form

VMC	Nr.	Verwendung
	9288	Trockenfliegenhaken, Rundbogen-Form
	9280	Naßfliegen- und Nymphenhaken, Sproat-Form

Bei allen aufgeführten Haken handelt es sich um Standardmuster. Spezielle Hakenformen für die Herstellung von naturgetreu gebundenen Fliegen finden Sie in den folgenden Kapiteln.

Fäden

Unter Fäden sind grundsätzlich alle natürlichen und synthetischen Fäden sowie alle fadenartigen Bindematerialien zu verstehen. Man unterscheidet grundsätzlich zwischen Fäden für die Hauptwicklung, die sogenannten Hauptfäden, und allen anderen, die als Zierfäden bezeichnet werden können.

Hauptfäden

Im Gebrauch sind Monofile aus hochflexiblem Kunststoff, z. B. Nylon, und Multifile. Die Multifile können aus nebeneinander liegenden oder verzwirnten Fasern bestehen.
 Am besten bewährt haben sich die

Multifile des amerikanischen Herstellers Danville. Sie bestehen aus feinsten nebeneinanderliegenden Nylonfäden, die den entscheidenden Vorteil haben, daß sie sich beim Binden flach auf den Hakenschenkel oder das Bindematerial legen. Wer kleinste Muster binden will, wird diesen Vorteil bald zu schätzen wissen. Gerade Einsteiger machen häufig zu viele Windungen mit dem Hauptfaden. Sie sind deshalb um so mehr darauf angewiesen, daß der Faden nicht zu stark aufträgt.

Die feinsten Fäden für Fliegen ab Größe 14 und kleiner haben die Werksbezeichnung Nymphthread 6/0; die Fäden für die größeren Fliegen (bis Größe 10) werden mit Monocord 3/0 bezeichnet. Das Grundmaterial für beide ist dasselbe.

Beide Fäden gibt es auch vorgewachst. Das erspart das Einwachsen vor dem Anbringen von Fellflusen (Dubbing), das im Kapitel II behandelt wird.

Diese feinen Fäden eignen sich nicht für Großfliegen, weil sie zum Einbinden und Halten grober Materialien zu schwach sind und sich außerdem kein großer Kopf an Streamern, Großnymphen und Lachsfliegen binden läßt. Für solche Muster kann man sich beliebiger flusenfreier Fäden in der Stärke von Nähzwirn bedienen.

Wer unbedingt mit verzwirnten Fäden binden möchte, sei in einer Hinsicht vorgewarnt: Beim Winden des Fadens um den Hakenschenkel wird jeder Faden verdrallt. Während sich die Multifile aus nebeneinanderliegenden Fasern sofort wieder strecken, kann es bei verzwirnten Fäden zu Knotenbildung und Perücken kommen. Beide müssen unbedingt verhindert werden, da Knoten einerseits zu Knubbeln an der Fliege führen können, andererseits Perücken dem Faden für Sekundenbruchteile die Spannung nehmen können. Letzteres kann dazu führen, daß sich eingebundene Materialien wieder lösen.

Zierfäden

Sie dienen sowohl als Körpermaterial als auch zur Zierde, je nach Struktur, Stärke und Farbe.

Die gebräuchlichsten Zierfäden sind hier in alphabetischer Reihenfolge aufgelistet. Eine Einteilung in Sachgebiete ist nicht möglich, da es bei der Verwendung zu häufig zu Überschneidungen kommt.

Chenille

Der französische Name bedeutet Raupe, und damit ist dieses Universalmaterial treffend bezeichnet. Es besteht aus einem verzwirnten Faden, in den kurze Kunstfibern eingesponnen sind, die gleichmäßig nach allen Seiten wegstehen. Chenille wurde in den 20er und 30er Jahren häufig zur Herstellung von

Chenille ist besonders für Körper von Streamern geeignet und in verschiedenen Stärken erhältlich.

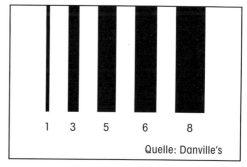

Handelsübliche Stärken von Chenille, passend für alle Hakengrößen von 12 bis 2/0 (Angaben in Millimeter).

Oberbekleidung und Decken verwendet. Amerikanische Fliegenbinder haben sie für ihre Zwecke entdeckt und zu einem unverzichtbaren Standardmaterial gemacht. Chenille ist in verschiedenen Stärken und allen denkbaren Farben erhältlich.

Eine Sonderform ist Chenille mit eingearbeiteten Glitzerfäden, die sich besonders für die Herstellung von Streamern eignet.

Floss

Floss ist der englische Begriff für Florettseide. Es ist erhältlich aus echter Seide oder aus Kunstseide. Beide haben die gleiche Struktur, nämlich nebeneinanderliegende feinste Fäden.

Die Stärke von Floss liegt deutlich über der der Hauptfäden. Deshalb wird es, wenn überhaupt, nur bei Großfliegen als Hauptfaden verwendet. Gewöhnlich dient es als Körpermaterial und als Rippungsfaden.

Eine beliebte Variante von Floss ist das Acetate-Floss, das auf Azeton reagiert. Wenn mit Acetate-Floss hergestellte Körper mit Azeton benetzt werden, verfließt die Oberfläche. Sie erhält dabei ein glasiges Aussehen, das der Erscheinung natürlicher Insektenleiber näherkommt.

Beide Varianten gibt es einfädig und vierfädig. Vierfädiges Floss läßt sich leicht teilen und ist daher für kleine Fliegen besonders gut geeignet.

Relativ neu auf dem Markt ist Floss aus Polypropylen, einer Kunstfaser, die leichter als Wasser ist. Dieses Material trägt zur Schwimmfähigkeit einer Fliege bei, während Natur- oder Kunstseide herkömmlicher Art eine Fliege eher belastet.

Drähte

Gold-, Silber- und Kupferdraht gehören auf jeden Bindetisch und dienen sowohl als Rippungsfaden als auch als Körpermaterial. Im Handel sind verschiedene Stärken, die in Proportion zu den gängigen Hakengrößen stehen.

Diese Drähte werden heute fast ausschließlich in entsprechender Aufmachung für den Fachhandel aus Indien importiert und sind bedauernswerterweise von minderer Qualität: Nach nur einmaligem Einsatz im Wasser beschlägt ihre Oberfläche und wird unansehnlich. Die Absicht, nämlich eine Glitzerwirkung zu erzielen, wird dadurch nicht mehr erreicht.

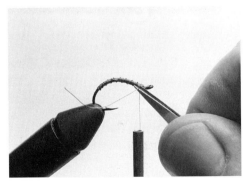

Drähte sind als Rippungsfäden und zum Beschweren unentbehrlich. Bei der Trockenfliege haben sie zusätzlich die Funktion, feine Kielmaterialien zu sichern. Der Draht ist als Rippungsfaden und zum Beschweren unentbehrlich. Bei der Pheasant Tail Nymph besteht sogar der gesamte Thorax aus Kupferdraht.

Floss wird für Körper von kleineren Fliegen und zum Rippen verwendet. Der aufgetrennte Faden zeigt deutlich die Struktur dieses Multifils.

Bleidraht: Die empfindlichen, feinen Bleidrähte dienen ausschließlich der Beschwerung und werden unter dem Körpermaterial direkt auf den Haken gebunden.

Kräuselkrepp

Hierbei handelt es sich um nichts anderes als jene Fäden, die für die Herstellung von Damenstrümpfen (Nylons) verwendet werden. Der Faden ist stark gekräuselt und spannt sich bei geringstem Zug. Wegen seiner Feinheit beschränkt sich die Anwendung auf kleinste Fliegen.

Kräuselkrepp kann bei kleinen Mustern als Körpermaterial und Hauptfaden zugleich verwendet werden.

Tinsel

Tinsel ist ein Gespinst, bestehend aus einem Baumwollzwirn, der mit flachen Gold- oder Silberfäden umwickelt ist. Die Fliegenbinder benötigen es als runden oder ovalen Faden, der zum Rippen oder als Körpermaterial (völliges Umwickeln des Hakenschenkels) Verwendung findet.

Ebenfalls unter der Bezeichnung Tinsel werden schmale Streifen aus Stanniol und Lurex angeboten. Beide werden ebenfalls als Rippungs- und Körpermaterial verwendet.

Diese Produkte kommen ausnahmslos aus Indien und haben die bereits erwähnten Nachteile.

Wolle

Da Wolle Wasser aufnimmt und schwer wird, eignet sie sich nur für versunken gefischte Muster. Zu empfehlen sind ein Sortiment Wolle ohne aus dem Faden heraustretende Fasern und ein Sortiment Mohair, das locker versponnen und flusig ist.

Flusenfreie Wolle kann anstelle Floss verwendet werden, Mohair anstelle Dubbing (siehe Kapitel Körpermaterial).

Bestes Beispiel für Körper aus Tinsel: Streamerkörper. Flaches Tinsel für den Körper, ovales für die Rippung.

Dicht und locker versponnene Wolle am Haken: oben Stopfgarn, unten Mohair.

Die wichtigsten natürlichen und künstlichen Materialien

Soweit diese nicht bereits bei den Fäden besprochen wurden, werden sie auch hier in alphabetischer Reihenfolge behandelt.

Körpermaterialien

Natürliches Dubbingmaterial

Unter diesem Begriff werden alle Flusen natürlichen und künstlichen Ursprungs zusammengefaßt, also sämtliche Fellhaare samt Unterwolle, synthetische feine Fasern in Form von Wolle und Wollflusen.

Biber und sonstige am Wasser lebende Felltiere: Dazu gehören unter anderem Otter, Waschbär und Bisam. Verwendet wird hauptsächlich die Fellunterwolle. Sie ist sehr fetthaltig und trägt zur Schwimmfähigkeit der Fliege bei. Je nach Farbwunsch wird die helle Wolle der Bauchseite oder die stets dunklere Wolle des Rückens verwendet.

Kaninchen und Wildhase: Kaninchen haben eine sehr weiche, leicht zu verarbeitende Unterwolle in für das Imitieren natürlicher Insekten hervorragenden Farben, die von Weiß bis Schwarz reichen und das begehrte Blaugrau enthalten. Ein unersetzliches Braun liefern das Gesicht und die Ohren des Wildhasen. Dieses Dubbing besteht aus kurzen Haaren und ist nicht ganz einfach zu verarbeiten, da es sehr hart ist.

Seehund: Die Seehundwolle gilt seit Jahrzehnten als klassisches Dubbingmaterial. Bescheidene Vorräte sind gelegentlich im Fachhandel oder bei pelzverarbeitenden Betrieben vorhanden.
Obwohl schwierig zu verarbeiten, gilt das Seehunddubbing als das beste Dubbing schlechthin. Da die Wolle relativ hart ist, legen sich die Flusen im Wasser nicht an, sondern behalten ihre ursprüngliche Form. Der Grund für die Fängigkeit von mit Seehundwolle gebundenen Fliegen liegt eindeutig darin, daß das Dubbing „luftig" ist. Die beim Auswerfen der Fliege in das Dubbing eindringende Luft formt sich im Wasser zu kleinen Blasen, die nicht nur die Schwimmfähigkeit erhöhen, sondern auch in für den Fisch reizvoller Weise das Licht reflektieren.

Synthetisches Dubbingmaterial

Die schwierige Versorgung mit Seehund Dubbing hat die Fliegenbinder veranlaßt, nach künstlichem Ersatz Ausschau zu halten. Ausgerechnet in der Teppichbodenbranche sind sie fündig geworden. Dort also, wo mit Polypropylen- und ähnlichen Fasern in verschiedenen Stärken, Dichten und Farben gearbeitet wird. Diese Fasern tauchen heute unter erfundenen Namen im Fachhandel auf: Poly Dub, Poly Wiggle, Ligas Dubbing, Polycryolin und Mohlon. Von Dupont zum Beispiel stammt die auch bei den Bindern bekannte Faser Antron.

Musterbeispiel für synthetisches Dubbing: Großfliegen, die extrem lange und lichtreflektierende Fasern erfordern. Im Foto eine Garnele für den Meerforellenfang.

Fibern

Unter Fibern sind die gezahnten oder ungezahnten Fibern von Schwung- oder Schwanzfedern sowie Hechelfedern zu verstehen. Einzeln verarbeitet ergeben sie attraktive Körper von kleinen Fliegen. Da sie nicht sehr robust sind, werden sie neben dem Hauptfaden in aller Regel zusätzlich durch einen Rippungsfaden gehalten. Die berühmten Fibern sind:

Condor oder vergleichbare Großvögel: Gelegentlich sind ein paar Federn aus alten Beständen in der Dekorationsartikelbranche oder aus dem Zoo zu erstehen. Diese Federn haben bis zu fünf Zentimeter lange und sehr dick auftragende Fibern, mit denen man Fliegen bis Größe 10 binden kann. Sie sind meistens zweifarbig und haben eine helle und eine dunkle Seite.

Von ähnlich guter Qualität sind die Fibern von Schwan, Reiher, Kormoran, Nandu und Geier.

Deutlich kürzer und feiner sind die Fibern von Truthahn, Gans und vergleichbaren Vögeln.

Fasanenfibern: Die Stoßfedern aller Fasanen sind zum Herstellen von Fliegenkörpern geeignet. Ihr Nachteil ist, daß sie relativ dünn sind und daher nur für die kleineren Muster taugen.

Die Schwanzfeder des Jagdfasans taucht in sehr vielen Bindeanleitungen auf, so daß sie auf jeden Bindetisch gehört.

Pfau: Die Fiber der Pfau-Augenfeder nimmt eine Sonderstellung bei den Fliegenbindern ein. Die metallisch bronze und grün schimmernde Fiber ist relativ haltbar, leicht zu verarbeiten und noch in beliebigen Stückzahlen erhältlich. Das Spiel der feinen Haare an den Seiten dieser Fiber muß eine magische Wirkung auf die Fische ausüben. Seit mit Fliegen gefischt wird, rangiert die Pfauenfiber auf den Materiallisten der Binder ganz oben.

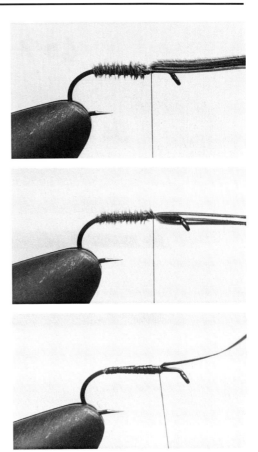

Fliegenkörper aus Fibern. Von oben nach unten: Condor, Jagdfasan, Pfau.

Strauß: Noch länger, robuster und flauschiger als die Pfauenfiber ist die Straußenfiber. Sie hat eine ähnliche Tradition, wird aber durch das verstärkte Binden von Trockenfliegen immer weniger verarbeitet.

Die zahlreichen langen Härchen nehmen sehr schnell Wasser auf und eignen sich daher nur für versunken gefischte Muster.

Kiele

Unter Kiel im engeren Sinn versteht man den Stamm einer Feder. Da Kiele zum Herstellen von Fliegenkörpern verwendet werden, eignen sich nur feine und hochflexible Federn wie Hahnen- und

Körpermaterialien

Hechelfederkiele eignen sich besonders gut für kleinere Fliegen. Die Fibern sind gegen ihre Wuchsrichtung zu streifen und völlig zu entfernen.

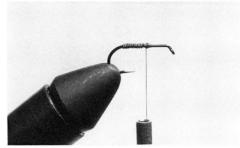

Windung neben Windung ergibt einen Körper, der die Segmentierung eines natürlichen Fliegenleibes imitiert.

Hennenhechelfedern. Im weiteren Sinne werden als Kiel sämtliche Materialien bezeichnet, die wie Kiele verarbeitet werden. Dazu gehören einige lange und dicke Tierhaare sowie synthetisches Material in Streifenform.

Hechelfederkiele: Die Hechelfeder von Hahn und Henne liefert einen leicht zu verarbeitenden Kiel, der attraktive Fliegenkörper ergibt. Es eignen sich alle an einem Hahnen- oder Hennenbalg befindlichen Federn, also Nackenfedern, Rükkenfedern, Brustfedern und Sattelfedern (nur beim Hahn). Wichtig ist, daß der Kiel im unteren Bereich nicht zu dick ist. Die starken Sektionen sind nämlich relativ spröde und brechen leicht, wenn sie um den Hakenschenkel gewunden werden. Zur Herstellung eines Kielkörpers müssen alle Fibern entfernt werden.

Moose Mane und andere Haare: Das Mähnenhaar des Elches ist etwa zehn Zentimeter lang, innen hohl und etwa so stark wie eine Nähnadel. Da es sehr biegsam ist, eignet es sich zum Umwinden des Hakenschenkels ganz besonders. Das Haar ist im unteren Drittel sehr hell, in der Mitte hell- bis mittelbraun und in der Spitze schwarz. Man kann für eine Fliege zwei oder drei Haare verwenden und dadurch zwei- oder dreifarbige Körper herstellen.

Diesem Haar ähnlich, aber kürzer und etwas dünner, ist das Mähnenhaar von Rind, Pferd und Hirsch.

Pfauenkiel: Der Kiel der Pfauenfiber, aber ohne seine feinen Härchen, ist der klassische Kiel für die Herstellung feiner Fliegenkörper. Er ist flach und im unteren Drittel bis zu 1 mm breit. Seine bronzene Farbe ist für die Nachbildung natürlicher Insektenleiber unentbehrlich.

Die Befreiung der Fibern vom Kiel ist etwas aufwendig. Bewährt haben sich die beiden dargestellten Methoden.

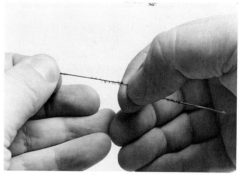

Entfernen der Fibern mit dem Fingernagel: *Streifen Sie mit dem Nagel des Daumens den Kiel unter leichtem Druck von der Spitze zur Basis. Wiederholen Sie diesen Vorgang so lange, bis alle Fibern entfernt sind. Dann dreht man den Kiel um und entfernt die Fibern auf der anderen Seite.*

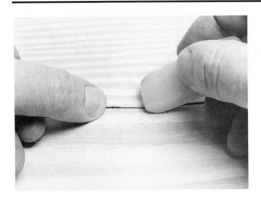

Entfernen der Fibern mit einem Radiergummi: *Legen Sie den Kiel auf eine plane Fläche und streifen Sie unter leichtem Druck den Gummi in Richtung Basis. Da nicht alle Fibern durch das einmalige Abstreifen entfernt werden, ist dieser Vorgang zu wiederholen. Mit der Rückseite des Kiels verfährt man in der gleichen Weise.*

Typisches Beispiel für einen Kunstkiel: Polyspan. Es imitiert den segmentierten Leib einer kleinen Trockenfliege.

Synthetische Kiele: Mit der Entdeckung des schwimmfähigen Polypropylens haben auch künstliche Kiele Einzug in die Fliegenbinderei gehalten. Derartige Kiele sind den Pfauenkielen ähnlich. Der Vorteil solcher Meterware besteht in der problemlosen Verfügbarkeit und der Farbenvielfalt.

In ausnahmslos allen Fällen handelt es sich um für industrielle Zwecke hergestellte Produkte, die von Fliegenbindern entdeckt und mit branchentypischen Namen versehen wurden.

Da Polypropylen in der Stärke von 0,25–0,50 mm relativ steif ist, gibt es solche Kiele auch aus anderen weniger gut schwimmenden Kunststoffen.

Neben den glatten synthetischen Kielen stehen dem Binder eine Reihe schaumstoffartiger Kielmaterialien zur Verfügung. Etwa Ethafoam, ein geschlossenporiger Schaumstoff mit extrem hoher Tragfähigkeit, bekannt unter dem Namen Dexion, oder Furry Foam, ein Kunststoffgewebe mit feinen Haaren. Diese Materialien sind in Plattenform erhältlich. In Streifen geschnitten, werden sie wie Kiele verarbeitet.

Für die Imitation von großen Nymphen eignen sich starke Weichplastikstreifen wie Swannundaze und Larva Lace oder Latex und Gummi.

Ein Fliegenkörper aus Dexion besteht aus etwa 1,5 mm schmalen Streifen, die unter wenig Zug um den Schenkel gewunden werden. Das Foto zeigt eine schwimmende Nymphe.

Körpermaterialien · Flügelmaterial 29

Das sinkfähige Furry Foam ergibt haarige Körper und ersetzt ein Dubbing. Hier: Hinterleib aus Furry Foam, der Thorax zum Vergleich aus grobem Dubbing.

Haare

Tierhaare ohne Unterwolle werden gelegentlich auch zur Herstellung von Körpern verwendet. Das Anbringen und Beschneiden der Haare ist jedoch nicht ganz einfach. Siehe Kapitel „Spezielle Bindetechniken".

Für diese Methode sind Rehhaare und Elchhaare besonders geeignet. Kleine Fliegen ab Größe 14 lassen sich auch gut mit Eichhörnchenhaaren herstellen.

Trockenfliegenkörper aus Rehhaar sind aufwendig. Aber die Mühe lohnt, denn solche Fliegen sind unsinkbar.

Flügelmaterial

In diesem Kapitel werden nur solche Materialen beschrieben, die sich für Trokken- und Naßfliegen eignen. Obwohl die Schwinge eines Streamers in der Literatur ebenfalls als Flügel bezeichnet wird, sind die entsprechenden Materialen unter dem treffenderen Begriff „Fahnenmaterial" separat aufgeführt.

Hechelspitzen

Die Spitzen von größeren Hechelfedern, die jeder Binder im Überfluß besitzt, sind für Flügel von Trockenfliegen sehr beliebt. Das hat seinen Grund: Sie sind in allen gewünschten Farben leicht zu beschaffen, relativ einfach zu verarbeiten und geben einer Trockenfliege das grazile Aussehen, das man gern von einer gelungenen Fliege erwartet. Einige Binder bevorzugen die Spitze einer Hennenhechel, weil sie etwas breiter ist als die der Hahnenhechel und der Form des natürlichen Insektenflügels deutlich näherkommt.

Zwei Spitzen einer Hechelfeder des Hahnes ergeben ein graziles Flügelpaar.

Rupffedersegmente

Im Gegensatz zu den Schwungfedern besitzen die Rupffedern größerer Vögel wie Enten, Schnepfen und Fasane extrem feine Fibern, die, wenn überhaupt, nur in Nähe des Kieles miteinander verzahnt sind. Mehrere dieser Fibern zusammengelegt und eingebunden ergeben unverwüstliche Flügel von Trocken- und Naßfliegen. Die bekanntesten Federn für derartige Flügel sind die bronzene Rupffeder des Stockentenerpels und die Flankenfeder von Mandarin- und Carolinaente. Geeignet sind jedoch praktisch alle Rupffedern, sofern sie nicht zu weich oder zu klein sind.

Mehrere Spitzen von Fibern der Rupffeder ergeben robuste und schwimmfähige Flügel.

Schwungfedersegmente

Segmente von Schwungfedern unzähliger Vogelarten sind das klassische Material für Flügel von Trocken- und Naßfliegen. Ein Blick in die Bindeanleitungen älterer Fliegenmuster läßt schnell erkennen, daß fast ausnahmslos braune, schwarze und graue Schwungfedern mittlerer Größe verwendet wurden.

Aufgrund der gebänderten und gesprenkelten braunen Zeichnung genießen die Flügelfedern von Fasan, Schnepfe, Rebhuhn und Truthahn Vorrang. Obwohl die Fibern dieser Federn miteinander verzahnt sind, erweisen sich daraus gebundene Flügel als nicht sehr haltbar. Spätestens nach einem Biß fransen diese aus und werden unansehnlich.

Flügel aus Federsegmenten: Im Schraubstock noch perfekt, aber nach dem ersten Biß in einzelne Bestandteile aufgelöst.

Synthetisches Flügelmaterial

Mit dem Vormarsch synthetischer Bindematerialien wurden auch „Plastikflügel" entdeckt. Bis heute gibt es aber keines, das einen Qualitätsvergleich mit den natürlichen Materialien standhält. Ihr Nachteil: Sie sind durchweg zu steif und zu windfängig, so daß die Fliege beim Werfen das Vorfach verdrallt.

Akzeptabel sind derartige Materialien nur für Köcher- und Steinfliegen, bei denen die Flügel flach auf dem Hakenschenkel liegen.

Was so wunderschön aussieht, muß nicht unbedingt tauglich sein. Plastikflügel dieser Art sind Propeller. Im Foto ein Upside-down-Muster mit Hakenbogen und -spitze oben.

Tierhaare

Seit die Amerikaner mit einigen Haarflügelfliegen bemerkenswerte Fangerfolge verzeichnen konnten, fehlt auch dieser

Die Spitzen des Eichhörnchen-Schwanzhaares ergeben eine dreifarbige Fahne: In der Spitze hell, in der Mitte dunkel und an der Basis wieder heller.

etwas exotisch anmutende Fliegentyp in kaum einer Fliegenschachtel. Die größten Vorzüge diese Fliegen liegen in ihrer Unverwüstlichkeit und der ausgezeichneten Sichtbarkeit.

Für Haarflügel in Frage kommen grundsätzlich alle Eichhörnchenschwänze, Kalbschwänze und Schwänze von Waschbär, Nerz, Nutria und Opossum.

Fahnenmaterial

Die Fahne eines Streamers, auch Flügel genannt, hat nichts gemeinsam mit den Flügeln von Trocken- oder Naßfliege. Entsprechend unterschiedlich sind die für Fahnen geeigneten Materialien. Das Fahnenmaterial hat zwei Aufgaben: Es muß konturbildend sein und die Bewegung eines Fischchens nachahmen, wenn es der Turbulenz des Wassers ausgesetzt ist.

Federn

Grundsätzlich sind für eine Fahne alle Federn geeignet, die über eine ausreichende Länge verfügen, um einen langschenkligen Haken zu überdecken, und flexibel genug sind, um beim Führen des Streamers im Wasser zu spielen. Dazu gehören alle breiten Hechelfedern von Hahn oder Henne und einige Fasanenfedern.

Eine Sonderstellung nimmt die Maraboufeder ein. Sie stammt nicht vom schutzwürdigen Marabu, sondern ist eine Körperfeder des Truthahns. Ihr Vorteil liegt darin, daß sie extrem weich ist und ein faszinierendes Spiel im Wasser hat. Zudem läßt sie sich sehr gut färben und ist in den begehrten Silber- und Goldtönen erhältlich.

Der Name und die Schreibweise sind dem englischen Begriff turkey marabou (Truthahn-Marabou) entnommen und im deutschsprachigen Raum seit Jahren gebräuchlich.

Die herkömmlich eingebundene Hechelfeder ergibt sehr schlanke Muster.

Die Maraboufeder ermöglicht die bessere Kontur.

Felle

Seit wenigen Jahren werden Streamerfahnen auch aus Fellstreifen hergestellt. Diese Streifen sind zwei bis drei Millimeter breit und werden im Matukastil auf dem Haken befestigt. Da für diese Tech-

Der Fellstreifen-Matuka ermöglicht eine erstklassige Konturbildung, aber die Hakenspitze in der Mitte des Streamers sorgt für Fehlbisse.

nik Felle mit viel Unterwolle bevorzugt werden, verwendet man ausschließlich das preisgünstige und reichlich vorhandene Kaninchenfell. Solche Fellstreifen sind inzwischen in allen denkbaren Farben auf dem Markt und werden unter der Bezeichnung Rabbit Strip oder Zonker Strip im Handel angeboten.

Haare

Streamer mit Fahnen aus Haaren, von den Amerikanern bucktails, von den Engländern hair wings genannt, haben bereits vor Jahren den klassischen Federstreamer verdrängt. Die Haare von Bucktail (Weißwedelhirsch), Eichhörnchen und Waschbär haben gegenüber den Einzelfedern eine Reihe von Vorteilen: Sie sind dauerhafter, bilden bessere Konturen und sind dreidimensional.

Wegen ihrer Länge liefern die Schwänze der oben genannten Tiere deutlich besseres Material als der Körper.

Eine Fahne aus Polypropylenwolle eignet sich perfekt für die Imitation eines Fischkörpers.

auffällig und praktisch unübersehbar. Hinzu kommt, daß solches Kunsthaar sowohl in allen in der Natur vorkommenden Farben als auch in allen denkbaren Reizfarben zur Verfügung steht.

Der Beliebtheit entsprechend ist der Markt inzwischen voll von derartigem Fahnenmaterial. Einige hierzulande bekannte Bezeichnungen sind Fishair, Lureflash, Mobile, Lureflash Twinkle, Hairabou, Polywiggle und Ultra Hair. Zu den synthischen Haaren muß auch die im Kapitel Dubbing erwähnte Polypropylenfaser gerechnet werden. Dieses in Form von Wolle erhältliche Material zählt zu den bahnbrechenden Entdeckungen für den Streamerbinder.

Ein typischer Haarstreamer mit einer Fahne aus dem Schwanzhaar des Wapitihirsches (bucktail).

Synthetische Fibern

Feinste Kunstfasern mit glänzender Oberfläche, die das Tageslicht intensiv reflektieren, sind in den letzten Jahren immer beliebter geworden. Sie haben einen entscheidenden Vorteil gegenüber den Naturprodukten: Sie verraten sich selbst. Die ausgeprägte Eigenschaft, in der Turbulenz des Wassers Licht wie ein Blinker zu reflektieren, macht sie sehr

Hechelmaterial

Das Kernstück jeder Fliegenbinderausrüstung ist der Hahnenbalg, auch Skalp genannt, der für die Herstellung des Hechelrades an der Trockenfliege unentbehrlich ist.

Die Entwicklung des Balges hat in den letzten 20 Jahren eine bemerkenswerte Wende erfahren. Bis Anfang der 70er Jahre bedienten sich die Fliegenbinder auf der ganzen Welt der Federn zu Ernährungszwecken gezogener Hähne. Die Versorgung erfolgte von Asien aus, wo das Hausgeflügel eine dominierende Stellung in der Fleischversorgung einnimmt. Die zum Fliegenbinden verwendeten Bälge stammten dementsprechend überwiegend aus Indien und China. Weniger bedeutende Quellen waren Pakistan und Indonesien. Da die Federn nur Beiprodukte mit Abfallwert darstellten, waren sie in den Fliegenfischerländern relativ günstig zu haben.

Mit der stürmischen Entwicklung des Fliegenbindens wuchsen jedoch die Qualitätsansprüche dermaßen, daß es zu eklatanten Lieferengpässen kam. Die von amerikanischen und europäischen Händlern geforderten Qualitäten und Mengen konnten bald überhaupt nicht mehr geliefert werden. Von den dominierenden Farben Rotbraun und Mittelbraun gebändert einmal abgesehen, gab es vor allem Fehlmengen bei den typischen Fliegenbindefarben Schwarz, Grau, Grau gebändert, Dachs und Weiß.

In Anbetracht der zukünftigen Versorgungsprobleme begannen bereits Ende der 60er Jahre einige Amerikaner, Hähne der Federn wegen zu züchten. Die Zuchtstämme waren dabei nicht die in Asien üblichen Bankivahühner, sondern die wesentlich größeren in den USA heimischen Rassen wie Hamburger, Leghorn, Italiener und Rhodeländer. Die Ziele dieser Sonderzüchtungen waren zweifach: die Qualitätsverbesserung und das Erreichen zum Binden erforderlicher Farbzeichnungen wie Grau, Schwarz und Grau gebändert (Grizzly).

Den ersten durchschlagenden Erfolg gelang Anfang der 70er Jahre Buck Metz, einem Eierproduzenten aus Pennsylvanien. Er züchtete einen großwüchsigen Stamm in der Wunschfarbe Grau, und zwar in allen Variationen von Hellgrau bis Anthrazit.

Ihm folgten noch im gleichen Jahrzehnt andere Züchter, die auch in Europa bekannt wurden. Etwa: Hofman, Colorado und Genetic Hackle.

Heute werden Sonderzüchtungen überwiegend von den Amateuren verarbeitet, während die professionellen Binder aus Kostengründen nach wie vor weitgehend auf asiatische Ware zurückgreifen.

Indische Bälge

Die Bälge sind generell klein (etwa handgroß) und enthalten ca. 180 Federn, die für Fliegen der Größe 12 bis 20 in Frage kommen. Die Qualität der Hechelfeder ist sehr gut, soweit es sich um ausgesuchte Trockenfliegenbälge handelt. Hier wirkt sich sehr positiv aus, daß die Tiere im Freien gelebt haben und natürlich ernährt sind.

Die Federn sind sehr flexibel, fettreich und auf der Oberseite hochglänzend, während sie auf der Rückseite matt sind. Die flaumfreie Zone beträgt gut zwei Drittel der Feder, und die Fibern sind ausreichend kurz.

Während rotbraune Bälge im Überfluß zur Verfügung stehen, besteht trotz der zahlreichen Sonderzüchtungen nach wie vor Mangel an schwarzen und grauen.

Die Preise liegen derzeit bei 15 bis 20 Mark pro Stück für brauchbare Qualität.

Bälge aus China und Indonesien sind bei uns kaum noch erhältlich, da die Anforderungen an die Qualität der Hechelfeder zu groß geworden sind.

Die Sonderzüchtungen

Vergleicht man einen Balg von Metz mit einem indischen Balg, fällt zunächst einmal die Größe auf. Der Unterschied wird vor allem in der Zahl der für Trockenfliegen verwendbaren Federn deutlich. Ein Metzbalg enthält etwa die dreifache Menge im Vergleich zu einem indischen Balg. Das allein rechtfertigt einen um ein Dreifaches höheren Preis.

Der entscheidende Unterschied liegt allerdings in der Qualität der Hechelfeder und der Farbe.

Die Feder aller Sonderzüchtungen hat für das Fliegenbinden ideale Proportionen: Sie ist lang und hat extrem kurze Fibern. Man kann es auch so ausdrücken: Die Feder ist so lang und ergiebig, daß man zwei bis drei Fliegen damit binden kann.

Fortsetzung s. Seite 50

Bindematerialien im Detail

Die Hechelfeder

Über die Qualität von Hechelfedern und das Erfordernis erstklassiger Federn für die Trockenfliege ist hinlänglich in Zeitschriften und Büchern geschrieben worden. Jeder Binder weiß, daß nur bestes Hechelmaterial wirklich gute Trockenfliegen ermöglicht.

Stets offen geblieben ist die Frage, wonach ein unerfahrener Binder einen Balg am Ladentisch bewerten soll. Die Antwort ist natürlich nicht mit einem Stichwort gegeben. Die Qualität einer Feder oder eines Balges unterliegt vielmehr einer Vielzahl von Anforderungen.

Der Hahn als Lieferant

Daß es sich bei einem Hahnenbalg oder -skalp um die Halsfedern handelt, ist allgemein bekannt. Trotzdem herrscht häufig Ungewißheit darüber, wie der eigenartige Zuschnitt der Bälge zustande kommt.

Wichtig beim Abziehen des Nackens ist der vorausgehende Schnitt. Er liegt im Bereich des Kopfes auf jeden Fall außerhalb aller von Federn bedeckten Teile. Das gilt hauptsächlich für die Seiten links und rechts des Kammes. Diese enthalten nämlich die wichtigen kleinen Federn für die Hakengrößen 18 und 20.

Ist der Schnitt unmittelbar an der Basis des Kammes erfolgt, wird das Messer zur Kehle und dann nach unten geführt.

Abbildung linke Seite:
Die Hahnenbälge in den populärsten Farben (jeweils von links nach rechts): Erste Reihe: Schwarz, grizzly, blue dun medium, Anthrazit, bronze dun. Zweite Reihe: badger dun, light ginger, Fuchsrot, Rot, Dunkelrot, Nairobi (rot und weiß). Dritte Reihe: vier verschiedene Variants (multicolor), Greenwell. Vierte Reihe: badger, goldbadger, Creme, Oliv (gefärbt), blue dun (gefärbt).

Im unteren Drittel des Halses wird dann die Haut des Halses kreisförmig durchtrennt. Danach zieht man die Haut zuerst von der Kehle zur Seite und anschließend nach oben hin ab.

Der abgezogene Balg hat im Bereich des Kopfes eine gegabelte Form.

Nach dem Abziehen wird der Balg auf ein Brett gespannt, wo er trocknen kann. Das dauerhafte Präparieren der Rückseite (Haut) erfolgt durch Einreiben mit Borax. Das gewährt Schutz vor Milben und vermeidet jeglichen Fäulnisprozeß.

Eine wahre Fundgrube für den Fliegenbinder sind die Ausstellungen von Geflügelzüchtern. Hier kann man gelegentlich makellos gewachsene Hähne in seltenen Farben entdecken. So zum Beispiel stahlblaue Bantam-Bälge (iron blue dun) oder spanische Andalusier mit ihren gesprenkelten Federn.

Die Proportion

Wichtiges Merkmal einer guten Hechelfeder ist das Längenverhältnis von Fiber zu Feder. Gute indische Federn sind so lang, daß sich 6 bis 10 Windungen um den Hakenschenkel machen lassen. Das ist mehr als ausreichend, denn im Regelfall benötigt man nur fünf Windungen für das Hechelrad.

Optimale Proportionen weisen die Federn von Hofman auf, die die Herstellung von drei oder vier Fliegen gestatten. Ähnlich sind die übrigen Sonderzüchtungen wie Metz, Colorado etc.

Da das Vernunftmaß eine Hechel für eine Fliege ist, ist man mit diesen Federn mehr als gut bedient.

Flexibilität

Vergleicht man den Durchmesser eines Hakendrahtes mit der Länge der Feder, wird deutlich, daß der Kiel höchst flexibel sein muß, wenn er unbeschadet um

36 Bindematerialien im Detail

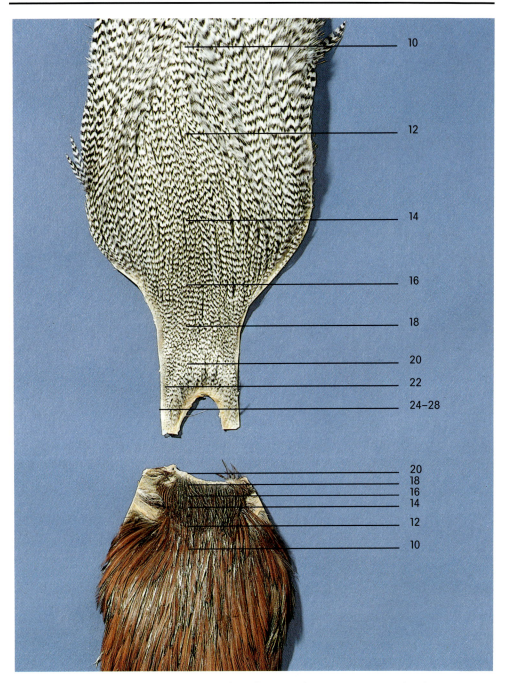

Größenpositionen bei einem Metz-Balg (oben) und einem guten indischen Nacken. Die Nummern beziehen sich auf die Hakengrößen. Die waagerechten Linien kennzeichnen die Bereiche. Auffallend ist, daß bei Metz die meistgebrauchte Größe 14 relativ weit vom unteren Schnitt entfernt ist. Beim indischen Balg enthält eine nur daumengroße Sektion alle Federn von Größe 14 bis 18.

den Schenkel gewunden werden soll. Das erforderliche Maß an Flexibilität ist jedoch nicht bei jeder Feder vorhanden. Das betrifft vor allem alte und abgelagerte Bälge und in noch größerem Maße gefärbte.

Überalterte Bälge vor allem indischer Herkunft sind häufig spröde. Während die obere Hälfte der Feder, wo der Kiel relativ dünn ist, noch flexibel genug ist, weist die untere Hälfte mit ihrem deutlich stärkeren Kiel eine kaum zu vermutende Steifheit auf. Wird eine solche Feder um den Haken gewunden, kann es vorkommen, daß der Kiel längs aufreißt und sich spaltet.

Ähnliches trifft auch auf gefärbte indische Bälge zu. Die Ursache dafür ist in der Tatsache begründet, daß vor dem Einfärben die Federn mit Detergenzien gewaschen werden müssen, damit sie die Farbe annehmen. Mit dem Waschen aber verliert die Feder ihr Fett, das für die Biegsamkeit so wichtig ist.

Bei den Sonderzüchtungen tritt das Problem der Biegsamkeit kaum auf, weil der Kiel wesentlich dünner ist.

Die Qualität des Kieles

Die Hechelfeder in ihrer urwüchsigen Form besitzt einen ovalen Kiel. An den breiten Seiten des Ovals befinden sich die Fibern. Diese Anordnung ist zum Umwickeln des Hakenschenkels ideal, denn ein solcher Kiel legt sich naturgemäß immer mit seiner breiten Seite an den Hakendraht. Dadurch stehen die Fibern stets senkrecht zum Hakenschenkel.

Eine ausgeprägte Ovalität findet man bei den indischen Federn weitaus häufiger als bei für Fliegenbinder gezüchteten Federn. Die Ursache dafür liegt ohne Zweifel in der Stärke der Kiele, denn je dünner diese sind, desto weniger ausgeprägt ist die ovale Form.

Der Vorteil der ovalen Form darf nicht unterschätzt werden. Weniger ovale oder sogar runde Kiele legen sich beim Winden wahllos um den Haken. Das bewirkt,

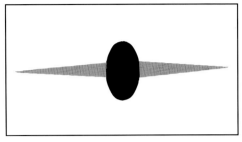

Die Fibern befinden sich an den breiten Seiten eines Kieles. Das garantiert beim Winden um den Hakenschenkel einen senkrechten und dichten Stand.

daß der Fliegenbinder weder eine Kontrolle noch eine Garantie hat, daß die Fibern senkrecht stehen. Schräg zum Schenkel stehende Fibern sind jedoch höchst unerwünscht, da sie die Herstellung eines dichten Hechelrades nicht zulassen.

Die Beurteilung einer Hechelfeder hinsichtlich der Form des Kieles ist nur dann möglich, wenn eine Feder gewunden wird. Das bedeutet, daß man vor dem Kauf dem Balg eine Hechel entnehmen und entsprechend prüfen muß. Die Entnahme ist allerdings dem Handel nicht zuzumuten.

Fetthaltigkeit

Der Fettgehalt einer Feder hat eine zweifache Funktion. Zum einen entscheidet er wesentlich über die Biegsamkeit, zum anderen ist er ausschlaggebend für die Schwimmfähigkeit und damit die Tragfähigkeit.

Natürlich ist der Fettgehalt einer Feder mit bloßem Auge nicht zu prüfen. Die Entscheidung darüber, ob man glücklich oder unglücklich eingekauft hat, fällt häufig erst am Wasser, wenn die fertige Fliege in turbulentem Wasser zum Einsatz kommt.

Ein Indiz für einen guten Fettgehalt ist der Glanz einer Feder. „Trockene" Bälge sehen stumpf aus, fetthaltige dagegen glänzen.

Bindematerialien im Detail

Linke Hälfte, von links nach rechts: Beste Hechelqualität mit sehr wenig Flaum. Metz, Expert Anglers, Genetic Hackle, DJ. Rechte Hälfte, von links nach rechts: Indische Standard-Trockenfliegenqualität, mindere Qualität (zuviel Flaum), Hechelfeder aus dem Kehlbereich mit sehr langen Fibern, Hennenhechel.

Beispiele für Fehlfarben und laienhafte Schlachtung: Links: Beim Versuch, die Farbe badger zu ziehen, ist das Zentrum entlang des Kieles nicht schwarz geworden, sondern grau geblieben. Diese Farbe trägt die Bezeichnung badger dun und eignet sich für die Imitation von kleinen Eintagsfliegen ganz hervorragend. Mitte: Hier erfolgte der Schnitt hinter dem Kamm. Die kleinen Federn für Midges fehlen völlig. Der Balg ist nur für Fliegen bis Gr. 14 tauglich. Rechts: Produkt natürlicher Kreuzung ist der Balg mit der Bezeichnung variant (oder multicolor variant). Hier schlagen Schwarz, Weiß, ginger und Rotbraun durch. Rechts daneben ebenfalls eine natürliche Kreuzung, bei der voll durchgezeichnete Federn in Rot und Weiß vorhanden sind.

Der Flaumanteil

Im unteren Drittel sind alle Hechelfedern mit Flaum behaftet. Bei den extrem langen Sonderzüchtungen nimmt die Flaumzone nur etwa 1/4 bis 1/6 der Gesamtlänge ein. Verwendbar ist ausschließlich der Teil der Feder, der flaumfrei ist.

Fibern im Flaumbereich haben feine Härchen und eine poröse Oberfläche. Beide nehmen sehr schnell Wasser auf, werden schwer und verklumpen. Sie sind zum Binden schwimmender Fliegen völlig ungeeignet.

Die Zeichnung

Natürlich ist die Farbgebung für die Qualität eines Balges mitentscheidend. Die Farbe darf nie nach dem Gesamteindruck beurteilt werden. Entscheidend für die gleichmäßige Zeichnung ist immer die Farbgebung der einzelnen Hechelfeder. Bei einfarbigen Bälgen ist die Kontrolle relativ einfach, da in den überwiegenden Fällen die Federn oberhalb der Flaumzone gleichmäßig gezeichnet sind. Das ist bei längsgestreiften Federn wie badger und Cock y Bondhu nicht der Fall. Diese Federn, die durch ein dunkles Zentrum entlang des Kieles gekennzeichnet sind, weisen regelmäßig, vor allem bedingt durch den natürlichen Wuchs, im unteren Bereich eine breite dunkle Zone auf, die sich nach oben verjüngt und immer schmaler wird.

Beim Kauf muß man prüfen, ob die dunkle Zone noch ausreichend breit ist oder nach oben hin so dünn wird, daß der gewünschte Effekt an der Fliege nicht mehr erreicht werden kann.

Da die Produktion und Lieferung der Bälge heute völlig kommerzialisiert sind, werden von allen Lieferanten Preislisten herausgegeben, in denen die Bälge nach den typischen Fliegenbindefarben eingeteilt sind.

Nun gibt es aber einige Farben, die sich nach den herkömmlichen Farbbezeichnungen nicht einordnen lassen. Dazu gehören Zwischentöne von Farben und mehrfarbige Bälge. Sie stammen entweder von natürlichen Kreuzungen oder sind das Ergebnis von Züchtungen, bei denen ungewollt eine früher dominierende Farbe durchschlägt. Diese Abweichungen werden als Fehlfarben auf den Markt gebracht und sind mitunter preisgünstiger als die Listenware.

Jeder Fliegenbinder sollte ein Auge auf diese Fehlfarben werfen, zumal manche zum Imitieren bestimmter Insekten weitaus besser geeignet sind als die Standardfarben. Sie haben auch durchweg eine mindestens gleichwertige, wenn nicht bessere Hechelqualität.

Der gleichmäßige Wuchs

Wer einen kompletten Balg kauft, will über Federn verfügen, die das gesamte Größenspektrum für Trockenfliegen abdecken, also die Hakengrößen 10 bis 18, 20 oder noch kleiner.

Die handgroßen indischen Bälge verfügen nicht immer über die kleinen Hechelfedern. Das wirkt sich auf die Ergiebigkeit aus und sollte sich entsprechend auch im Kaufpreis ausdrücken. Das gleiche gilt für die Fälle, bei denen Federn für bestimmte Größen nur spärlich vorhanden sind.

In puncto Ergiebigkeit besitzen alle Sonderzüchtungen Riesenvorteile gegenüber den indischen Bälgen, denn sie sind auch speziell mit dem Ziel einer größtmöglichen Ausbeute gezogen.

Es ist verständlich, daß jeder Binder für sein teures Geld optimale Qualität erstehen möchte. Trotzdem sollte man Verständnis zeigen, wenn man einmal einen nicht ganz makellosen Balg eingekauft hat. Es handelt sich schließlich um tierische Produkte, die einfach nicht so perfekt sein können wie Industrieprodukte. Der Handel hat letztendlich auch keine andere Möglichkeit, als Dutzendware unbesehen einzukaufen. Dabei kann je nach Saison und abhängig davon, wer beim Lieferanten vorsortiert, die Qualität variieren.

Der Jungle Cock Nacken

Auch bei der weltberühmten Augenfeder des Jungle Cocks handelt es sich um eine Hechelfeder aus der Nackenpartie eines Hahnes. Der Lieferant, die asiatische Form des im Westen und Süden Indiens vorkommenden Gallus sonneratii, ist in der Größe unseren heimischen Hähnen vergleichbar. Das Federkleid unterscheidet sich jedoch gewaltig.

Die Feder des Jungle Cocks (Gallus sonneratii, deutsche Bezeichnung Graues Kammhuhn oder Sonneratshuhn) besitzt im oberen Drittel drei durch schwarze Hornstrahlen verbundene, zum Ende hin verbreiterte Plättchen, von denen die beiden unteren weiß sind, während die obere braungelb leuchtet. Das Ende der Feder wird von einer Reihe kurzer schwarzer Hornstrahlen gebildet.

Im Jahre 1967 wurde der Jungle Cock von der indischen Regierung unter Schutz gestellt und anschließend in die Liste der gefährdeten Tierarten nach dem Washingtoner Artenschutzübereinkommen aufgenommen. Vorangegangen war eine jahrelange gnadenlose Jagd durch Federhändler, die vor allem den amerikanischen, englischen und skandinavischen Fliegenbindemarkt versorgten. Beträchtliche Abnehmer gab es allerdings auch in der Mode- und Dekorationsartikelbranche. Obwohl es keinen Zweifel über die Schutzwürdigkeit des Jungle Cocks gibt, kommt es immer wieder zu illegalen Importen, um die Fliegenbinder zu versorgen.

Gerade am Beispiel des Jungle Cock wird deutlich, daß es so mancher Fliegenbinder mit dem Artenschutz nicht allzu ernst meint. Immerhin ist es ausgerechnet er, der für eine Handvoll dieser seltenen Federn bis zu 200 Mark bezahlt und mit diesem Verhalten den illegalen Handel lohnenswert macht.

Als Ersatz für die Augenfeder bietet der Handel entsprechend bedruckte Kunststoffolien an, die sich gut eignen.

Links: der Jungle-Cock-Nacken mit seinen hornartigen Federn. Vor allem die Lachsfliegenbinder müssen sich umstellen. Das Plastikauge ist eine brauchbare Alternative. Mitte: Der Metz-Sattelbalg enthält extrem schmale Hechelfedern, die sich für Trockenfliegen aber nur sehr bedingt eignen. Rechts: Hennennacken und Hennenrükken liefern weiche Federn mit ausgezeichneter Zeichnung.

Die Sattelfeder

Die Sattelfeder des Hahnes ist seit eh und je die von Lachsfliegen- und Streamerbindern bevorzugte Hechel. Sie ist im Vergleich zur Nackenfeder extrem lang und äußerst flexibel.

In älteren Bindevorgaben taucht sie relativ häufig auf, so zum Beispiel als Streamerfahne für den Professor, als Fahne für verschiedene Varianten des Muddler Minnow (anstelle der unbeweglichen Truthahnfedersegmente) und als Fahne von Koppenstreamern.

Bei den Forellenstreamern bis Hakengröße 4 wäre die Sattelhechel zur Not noch durch entsprechend lange Nackenfedern zu ersetzen. Das ist jedoch nicht möglich bei den mitunter handlangen Mustern für die Fischerei im Salzwasser. Hier kommt es viel mehr als beim Forellenstreamer auf einen langen, beim Einholen flatternden Körper an.

Die etwas breiteren indischen Sattelfedern werden dabei den extrem schmalen aus den Sonderzüchtungen vorgezogen. Der Grund dafür ist die generell bessere Konturbildung der breiteren Feder.

Paradebeispiel für die sinnvolle Verwendung von Sattelfedern ist die Imitation des Needlefish, die ein bevorzugter Köder für Tarpun ist. Eine solche lange Fahne läßt sich mit anderen Federn und mit allen verfügbaren Haaren wegen der mangelnden Zeichnung nicht herstellen.

Die Sattelhecheln von Sonderzüchtungen lassen auf den ersten Blick eine ausgezeichnete Hechel auch für die Herstellung von Trockenfliegen vermuten. Sie haben Fibern, die der Hakengröße 10–16 entsprechen, sind lang, flaumfrei und äußerst flexibel.

Doch wer eine Trockenfliege damit bindet, wird schon bei den ersten Wicklungen für den Hechelkranz feststellen, daß sich die Fibern nicht senkrecht zum Haken stellen, sondern schräg nach den Seiten wegstehen. Das kommt nicht von ungefähr, denn der Sattelhechel fehlt ein entscheidendes Qualitätsmerkmal: Sie hat keinen ovalen Kiel.

Der runde Kiel läßt sich jedoch nicht kontrolliert verarbeiten. Wenn man ihn nicht durch Zufall so einbindet, daß die Fibern zumindest anfangs einigermaßen senkrecht zum Haken stehen, endet die ganze Arbeit mit der Behechelung in einem Desaster.

Vereinzelt findet man einen Sattelbalg mit stärkeren und damit ovalen Kielen. Dieser kann von einem routinierten Binder recht und schlecht für Trockenfliegen verarbeitet werden. Dem weniger Erfahrenen sei von diesem Experiment jedoch dringend abgeraten.

Die Federn der Henne

Der Nacken und der Rücken der Henne liefern Federn, die für alle naß gefischten Fliegen ausgezeichnet sind. Im Gegensatz zum Hahn sind Hennenhecheln ausnahmslos sehr weich und teilweise sehr flaumbehaftet. Das bedeutet, daß sie sehr schnell Wasser aufnehmen und sinken. In England, wo fast ausschließlich naß gefischt wird, genießen sie deshalb hohes Ansehen bei den Fliegenbindern.

Im deutschsprachigen Raum, wo überwiegend mit der Trockenfliege geangelt wird, kommen sie relativ selten zur Anwendung. Dennoch sollte jeder Binder eine kleine Auswahl zur Hand haben, zumal sowohl der Nacken als auch der Rücken als kompletter Skalp nur wenige Mark kostet.

Besonders die breiten Rückenfedern eignen sich für lackierte Sedgeflügel und Flügelplatten von Steinfliegennymphen. Als Fibernbüschel oder als gewundene Hechel imitieren sie Insektenbeine.

Rupffedern (Weichhecheln)

Ein Grundsortiment an Rupffedern gehört in jeden Bindekoffer. Rupffedern dienen der Herstellung von Flügeln, Schwänzchen, Flügelscheiden und bei der Maifliege sogar der Behechelung. Die zum Teil sehr kleinen Federn lagert man am besten in Klarsichttüten mit Druckbalkenverschluß. Diese Tüten gestatten die Auswahl der richtigen Feder, ohne den ganzen Inhalt auf dem Tisch ausbreiten zu müssen. Zudem sind sie absolut dicht und schützen so vor Milben.

Rupffedern werden heute zu Unrecht als minderwertig und für Trockenfliegen ungeeignet angesehen. Richtig ist, daß die weiche Rupffeder mit ihren wassersaugenden Fibern nicht der Schwimmfähigkeit einer Trockenfliege zuträglich ist, doch sollte man nicht verkennen, daß gerade und ausschließlich sie einer Trockenfliege Leben verleihen kann. In allen englischen und deutschen Bindeanleitungen findet man sie deshalb aus gutem Grund in Kombination mit einer steifen Hahnenhechel an Maifliegen wieder.

In den USA hat die weiche Rupffeder sogar eine Renaissance erlebt. Als Gegenstück zu den statischen, unbeweglich dahintreibenden Trockenfliegen mit ihren steifen Fibern ist die Soft Hackle Fly (Weichhechelfliege) vorübergehend stark in Mode gekommen. Sie wurde in Varianten zum Naßfischen (beschwert) und zum Trockenfliegenfischen gebunden. Bei den Trockenfliegen wurden dabei für Körper, Schwanz und Flügel auftriebsstarke Materialien verwendet.

Der Fangerfolg der Weichhechelfliegen ist zweifellos auf das Spiel der Fibern im Wasser zurückzuführen, weil es Bewegung und damit Leben vortäuscht. Diese Eigenaktion verschafft der Soft Hackle Fly wesentliche Vorteile gegenüber der herkömmlich gebundenen Trockenfliege, vor allem in überfischten Gewässern und beim Dämmerungsfischen. Das trifft besonders an sehr ruhig fließenden und stehenden Gewässern zu, wo das Wasser nur geringe Turbulenzen aufweist.

Fasanenfedern

Federn von in- und ausländischen Fasanen werden vor allem zum Binden älterer Fliegenmuster benötigt. Wer kreativ genug ist und nicht streng nach Vorgabe bindet, benötigt nur die Stoßfedern (männlich und weiblich) des heimischen Jagdfasans. Ihre Fibern dienen als Schwänzchen, Körpermaterial, Rippungsfaden und Flügelscheiden. Sie sind also sehr vielseitig und daher unentbehrlich.

Die übrigen Federn, allen voran die Schopf- und Halsfedern, werden nur für klassische Fliegen wie Royal Coachman, Black Pennell oder die gesamte Teal-Fliegenserie benötigt.

Noch heute findet man häufig Fasanenfedern jeglicher Art an traditionellen Meerforellen- und Lachsfliegen.

Sinnvoll ist eine Anschaffung deshalb nur insoweit, als es sich um den heimischen Jagdfasan handelt. Er verfügt über eine derart große Zahl verschiedener Federn, daß man zum Improvisieren blendend ausgerüstet ist.

Die kompletten Bälge von Jagdfasanen kann man für relativ wenig Geld im Fliegenbindefachgeschäft oder direkt von Jägern erstehen. Sie stellen daher keinerlei Risiko dar.

In den Bindeanleitungen ist fast immer vom Ring-Neck-Fasan die Rede. Damit ist auch der heimische beziehungsweise bei uns eingebürgerte Jagdfasan gemeint. Bei ihm handelt es sich nämlich um eine Zuchtform aus dem wilden Ring-Neck-Fasan. Sein Erkennungszeichen ist ein weißer Ring um den Hals.

Abbildung linke Seite:
Erste Reihe, v. l. n. r.: Wildentenrupf, Wildentenrupf von den Seiten mit bronzefarbenen Spitzen (Bronce Mallard), Wildente, gelbbraun gefärbt für Maifliegen (Ersatz für Summer Duck und Carolina Duck), Carolina Duck (Brustfeder), Krickente. Zweite Reihe, v. l. n. r.: Rotfuß-Rebhuhn (French Partridge), Rebhuhn (grau), Moorhuhn (die kleinen Federn gelten als Entendaunen-Ersatz), Perlhuhn. Dritte Reihe, v. l. n. r.: Pfau-Körperfeder, rote Rückenfeder des Goldfasans, gelbe Rückenfeder des Goldfasans, grüne Rückenfeder des Jagdfasans, Körperfeder des Silberfasans. Vierte Reihe, v. l. n. r.: Nackenfeder des Amherstfasans, Nackenfeder des Goldfasans, Schopffeder des Goldfasans, Entenbürzelfeder (Cul de Canard), Hennenrückenfeder mit typischer Zeichnung, naturgraue Hennenrückenfeder.

Kielfedern (Schwung- und Körperfedern)

Obere Reihe, v. l. n. r.: Goldfasan-Stoßfeder, gepunktet, Goldfasan-Stoßfeder, gestreift, Jagdfasan, Truthahn-Flügelfeder, Kondor-Flügelfeder, Truthahn (oak speckled), Truthahn. Mittlere Reihe, v. l. n. r.: Nandu-Schwungfedersegment, Wildenten-Flügelfeder, Hennen-Flügelfeder. Untere Reihe, v. l. n. r.: Fasan-Flügelfeder, Strauß, rot gefärbt, Emu, Marabou (braun und gelb), Kranich.

Schwungfedern von mittleren und kleinen Vögeln sind zum Binden fast völlig aus der Mode gekommen, soweit es sich um die Verarbeitung von Segmenten handelt. Deshalb sind sie auch ungewohnt preisgünstig zu bekommen.

Wer sich einmal ein kleines Sortiment anschafft, hat für lange Zeit ausgesorgt und kommt nie in Verlegenheit. Die wichtigsten aller Kielfedern sind die Körperfeder und die Flügelfeder vom Truthahn. Sie sind in Massen aus den Truthahnzüchtereien verfügbar.

Die dunkle Körperfeder mit ihrer schwarzbraunen Zeichnung und die hellbraune gebänderte Schwungfeder decken so ziemlich alle Bedürfnisse ab.

Schwungfedern sind stets asymmetrisch. Sie sollten daher immer paarweise gekauft werden, damit man deckungsgleiche Sektionen zur Verfügung hat.

Einen guten Kauf macht man mit der Anschaffung eines Grundsortimentes von Flügelfedern von Fasan und Henne. Fasanenfedern decken alle wichtigen Brauntöne ab, Hennenfedern sind in allen erdenklichen Farben (natur und gefärbt) erhältlich. Wegen der Kürze der Fibern sind sie allerdings ausschließlich für Flügel und Flügelscheiden tauglich.

Eine völlig andere Marktlage herrscht allerdings bei denjenigen Schwungfedern von Großvögeln, die so starke Fibern haben, daß sie zur Herstellung von Fliegenkörpern in Frage kommen. Da so gut wie alle Großvögel geschützt sind, ist der Markt geradezu leergefegt. Im Handel sind nur ganz sporadisch ein paar Condorfedersegmente oder ähnliches zu haben, und dann zu sehr hohen Preisen. Wer unbedingt einzelne Fibern von großen Federn für Trockenfliegenkörper verwenden will, muß sich also auf eine mühsame Suche einstellen.

Eine mühsame, aber stets erfolgreiche Möglichkeit, an die eine oder andere Feder eines Großvogels zu kommen, ist die Nachfrage in einem Vogelpark oder Zoo. Dort lassen sich nicht nur die relativ dunklen und in der Binderei gebräuchlichen Federn erstehen, sondern auch bunte, etwa von größeren Papageien.

Die schlechte Versorgung des Marktes mit derartigen Raritäten hat schon vor Jahren in den USA zu einer Sammlerleidenschaft geführt, die „Road Hunting" genannt wird. Gemeint ist damit das Aufsammeln von Tierkadavern oder Teilen davon, die auf oder an stark befahrenen Straßen liegen. Davor ist natürlich zu warnen, nicht nur wegen der Tollwutgefahr. Sie gehen vielmehr mit der Lagerung solcher Federn und anderer Teile zwischen ihrem bisherigen Bestand das Risiko ein, daß ihre gesamten Bindematerialien von Milben befallen werden.

Gegen Milben und andere Parasiten haben Sie keine Chance. Sie werden sie nie wieder los, auch dann nicht, wenn Sie das gesamte Lager vergasen oder jede einzelne Feder mit einem Desinfektionsmittel bestreichen. Milben befinden sich mitunter weit unter der Oberfläche von Federn und Fellhäuten und sind praktisch unerreichbar. Gegen sie helfen nur ganz starke Geschütze, die allerdings auch von ihrem teuren Bindematerial nichts mehr übriglassen.

Stoßfedern

Die zum Binden wichtigsten Schwanzfedern stammen von den jagdbaren oder gezogenen Fasanen. Das sind hauptsächlich die Federn von Jagdfasan, Goldfasan, Königsfasan und Diamantfasan.

Die Fibern werden einzeln oder in kleinen Büscheln zum Rippen von Körpern, für Flügelscheiden oder für Schwänzchen von Nymphen, Naß- und Trockenfliegen verwendet.

Bitte erwarten Sie vom Handel keine Prachtexemplare. Die Federn werden vom Großhandel sorgfältig ausgewählt und gehen je nach Qualitätsanspruch der Kunden in die Modebranche, die Dekorationsartikelbranche und in die Hochburgen des Karnevals, wo astronomische Preise für sehr gute Qualität bezahlt werden. Was danach übrig bleibt, steht dem Fliegenbinder, dem es auf die einzelne Fiber, und nicht auf die gesamte Feder ankommt, zur Verfügung.

Haare

Die Schwanzhaare von Wapitihirsch (Bucktail), Skunk, Kalb und allen nicht geschützten Eichhörnchen und Fellstücke mit Haaren haben auf weiten Strecken Federn oder Federsegmente verdrängt.

Die große Ergiebigkeit, die Haltbarkeit, die Verfügbarkeit und die Möglichkeit, Haare generell ohne Qualitätsverlust färben zu können, sind sicherlich einige Gründe dafür. Der Hauptgrund liegt aber ohne Zweifel in der besseren Konturbildung. Das ist nicht nur beim Streamer der Fall, sondern auch bei Trockenfliegen. Beispiele dafür gibt es genug: die Rehhaar-Sedge, die Wulff-Fliegen, die Goddard Sedge und die verschiedenen Spent-Trockenfliegen.

Bei der Verarbeitung von Haaren ist stets darauf zu achten, daß nur die Spitzen verwendet werden. Ausnahme: nachträgliche Beschneidung im Muddler-Stil oder beabsichtigte Konturgebung, wie sie bei Spent-Trockenfliegen möglich sein kann. Ansonsten erreicht man die besseren Umrisse, vor allem beim Streamer, immer mit Haaren inklusive Spitzen.

Die Unversehrtheit der Spitzen ist auch dann zwingend notwendig, wenn Wert auf ein Spiel der Haare im Wasser gelegt wird. Haare mit abgeschnittenen Spitzen bewegen sich im Wasser wesentlich weniger als solche mit Spitzen. Das darf bei den Mustern nicht unterschätzt werden, bei denen es auf Eigenaktion ankommt.

Beim Kauf von Material für Streamerfahnen sollte man darauf achten, daß das untere Drittel der Haare nicht zu dick ist. Haare, die sich zur Spitze hin sehr stark verjüngen, sind nämlich schwierig einzubinden und tragen zu sehr auf.

Generell gibt es bei allen jagdbaren Tieren kaum Versorgungsprobleme. Obwohl der Abschuß von Hirschen, Skunks und Eichhörnchen limitiert ist, stehen noch ausreichende Mengen zur Verfügung. Allerdings zeichnen sich schon Engpässe ab: Das rote Eichhörnchen, das auch bei uns heimisch ist, ist schon seit Jahren nur noch äußerst begrenzt lieferbar. Das schwarze sibirische Eichhörnchen (Feh) ist nur noch dann erhältlich, wenn die Kürschnerbranche Überschuß hat, und der Skunk, einst so zahlreich, daß er den Jägern Sorgen bereitete, ist nur noch am Anfang der Jagdsaison zu bekommen.

Es soll an dieser Stelle keine Panik gemacht und zu Hamsterkäufen animiert werden, doch ist zu bedenken, daß im Bereich Haare, wo jahrzehntelang Überfluß geherrscht hat, die ersten Engpässe in Sicht sind. Das sollte nicht unberücksichtigt bleiben.

Fellstücke mit Haaren

Fellstücke von Reh, Elch und Hirsch, Dachs und allen Wildziegen sind eine sinnvolle Ergänzung zu den oben angeführten Schwänzen. Die Haare sind durchweg kürzer und steifer. Deshalb sind sie für Streamerfahnen, bei denen es auf ein verfängliches Spiel im Wasser ankommt, weniger tauglich. Ihre Anwendung beschränkt sich auf Flügel von Sedges (Rehhaar-Sedge) und solche Muster, die einen Kopf oder Körper im Muddler-Stil besitzen, wie zum Beispiel die unsinkbare Irresistable.

Die Fellstücke sollten aus der Winterdecke geschnitten sein. Das stellt sicher, daß die Haare gänzlich entwickelt, farblich durchgezeichnet und stabil sind.

Gelegentlich werden Haare von Fellen wie auch einzelne, starke Haare von Schwänzen für Schwänzchen, Flügel und Flügelscheiden verwendet.

Abbildung linke Seite:
Obere Reihe, v. l. n. r.: Bucktail, Kalbschwanz natur (gebleicht), Kalbschwanz rot, graues Eichhörnchen, graues Eichhörnchen (rot und grün gefärbt), fuchsrotes Eichhörnchen (Fox Squirrel). Mittlere Reihe, v. l. n. r.: Rehhaar, Elchmähne, Ziege (gebleicht), Steinbock. Untere Reihe, v. l. n. r.: Elchhaar, Rehhaar (Bauchseite), Kaninchen (in Streifen geschnitten).

48 Bindematerialien im Detail

Synthetische Materialien

Der Einsatz synthetischer Materialien ist mit einem lachenden und einem weinenden Auge zu sehen.

Das Fliegenbinden hat seinen Reiz zweifellos durch das spielerische Verarbeiten von Federn und Haaren. Das war schon so, als die ersten Fliegen gebunden wurden. Es ist Grundlage für eine jahrhundertealte Entwicklung, an deren Ende die Fliegenbinder heute stehen. Und wer die Tradition des Bindens schätzt, verschließt sich nicht ohne Grund dem grenzenlosen Einzug moderner Kunststoffe in die Fliegenbinderei.

Auf der anderen Seite sollte jeder Binder froh darüber sein, im Kunststoff, in welcher Form auch immer, ein Substitut für selten gewordene und nicht mehr handelsfähige Naturprodukte zu haben.

Die Plastikaugen als Ersatz für den Jungle Cock sind ein gutes Beispiel dafür.

Das bedeutendere Argument für die Akzeptanz ist allerdings die Steigerung der Fängigkeit. Sie ist zwingend notwendig geworden, denn der Befischungsdruck an unseren Gewässern hat durch die angelnden Heerscharen dermaßen zugenommen, daß mit den einfachen Mustern unserer Vorväter nichts mehr zu holen ist.

Es kann daher nicht unzulässig sein, den Imitationswert und die Reizwirkung durch Farben und Formen mittels Kunststoffmaterialien zu erhöhen. Eine andere Frage ist freilich die, ob man auch dort Kunststoffe einsetzt, wo die natürlichen Materialien völlig ausreichen, etwa bei Schwänzchen, Fühlern, Körpern und den Flügeln von Trockenfliegen.

Der Glaube an die Effektivität von künstlichen Materialien ist allerdings in vielen Fällen völlig unbegründet. Bis auf den heutigen Tag wird zum Beispiel die Meinung vertreten, moderne, schwimmfähige Kunststoffe würden sich zur Herstellung schwimmender oder sogar unsinkbarer Fliegen eignen. Das ist bei schlanken Trockenfliegen unmöglich. Die meisten Kunststoffe haben ein spezifisches Gewicht um 1. Um Haken und Federn vor dem Sinken zu bewahren, ist jedoch unter Berücksichtigung der relativ geringen Materialmenge bei einer Trockenfliege ein spezifisches Gewicht von etwa 0,2 erforderlich. Ein solches Material gibt es nicht.

Eine annähernd hohe Auftriebsleistung kann nur durch geschlossenporige Schaumstoffe erzielt werden, wie sie hierzulande unter den Namen *Dexion* und *Ethaquill* auf dem Markt sind. Dieses Material muß aber gänzlich ohne Zug verarbeitet werden, da sonst das Gas aus den Zellen gedrückt wird. Ohne Zug eingebunden trägt es aber zu stark auf und macht das Binden schlanker Muster in den Größen 14 bis 20 unmöglich.

Sinnvoll anwenden lassen sich künstliche Materialien eigentlich nur zur Herstellung stark lichtreflektierender Streamer.

Die gebräuchlichsten synthetischen Materialien, jeweils von links nach rechts: Erste Reihe: Micro Fibetts (Schwanzfibern), Plaston (Kielmaterial), Polystrang (Körper- und Flügelmaterial), Poly II (Körper- und Flügelmaterial), Nymph Body Strips (Nymphenkörper). Zweite Reihe: Rayon Chenille (Körpermaterial), darunter Rayon Chenille, fluoreszierend rot, Lureflash Piping (Körpermaterial für Streamer), Antron (Polypropylen-Dubbingmaterial, auch als Strang zu verwenden). Dritte Reihe: Larva Lace (Nymphenkörper), darunter Fishair (Streamerfahnen), Fish Flair (Flashabou) regenbogenfarben, Flashabou kupfer, Flashabou perlmutt (jeweils für Streamerfahnen), Crystal Flash silber, Crystal Flash perlmutt (Streamerfahnen). Vierte Reihe: Fishair, Aurora Thread (Streamerfahnen), Furry Foam (Nymphenkörper).

Ist man bei den asiatischen Bälgen darauf angewiesen, weiße Federn grau zu färben, weil naturgraue Bälge zu selten sind, so kann man bei den Züchtungen alle Grautöne quasi ab Lager bekommen. Das qualitätsmindernde Färben, bei dem das natürliche Fett aus den Federn gewaschen werden muß, entfällt.

Der Vergleich zwischen den asiatischen Bälgen und den Sonderzüchtungen führt also zu eindeutigen Ergebnissen, denen vorbehaltlos zugestimmt werden muß. Dennoch bleibt eine Frage offen: Warum produzieren professionelle Binder mit billigen asiatischen Bälgen Fliegen, die besser aussehen, besser proportioniert, haltbarer sind und besser schwimmen als die Mehrheit der Fliegen, die mit Federn aus Sonderzüchtungen versehen sind?

Kennzeichen eines guten Balges ist der gleichmäßige Wuchs langer Hechelfedern mit kurzen Fibern. Die Flaumzone pro Feder sollte 30 Prozent der Gesamtlänge nicht überschreiten.

Die Ergiebigkeit eines Balges: Der Metz Balg links liefert über 500, der indische Balg rechts etwa 180 brauchbare Hechelfedern.

Am Schnitt kann man die Herkunft erkennen: Von links nach rechts: Metz, gekennzeichnet durch einen tiefen Einschnitt in den Nacken. Der DJ-Grizzly hat unterhalb der Spitze eine Dreiecksform. Sie deutet auf einen starken Nacken hin. Der heimische Italiener hat oben kaum einen Einschnitt und liefert nur wenige Kleinsthecheln. Ganz rechts der Bankiva-Nacken aus Indien mit einem relativ breiten Hals.

Die Farben der Fliegenbinder

In den Fliegenfischerländern England und USA wird mit Farbbezeichnungen für Hahnenbälge und andere Materialien gearbeitet, die ohne Ausnahme auch von den nicht englischsprachigen Ländern übernommen werden. So findet man in der einschlägigen Literatur (Bindeanleitungen), den Versandkatalogen und den Materialverpackungen durch-

Hechelfedern für Größe 14 im Vergleich. Die indische Feder rechts ist gut die Hälfte kürzer als die Metz-Feder.

weg die englischen Originalbezeichnungen. Der Fliegenbinder tut deshalb gut daran, sich diese Begriffe einzuprägen.

Der Begriff *dun* taucht bei den Farben relativ häufig auf. Er bedeutet ursprünglich *ergraut, verblichen*; im Zusammenhang mit den Fliegenbindefarben versteht man *dun* als grau oder grau in Verbindung mit einer dominierenden Farbe.

Gelegentlich ist vom Center einer Feder die Rede. Damit ist die Basis der Fibern und der Kiel selbst gemeint.

amber	= Bernstein
bloa (blae)	= Hell- bis Mittelgrau
blue	= Blau
blue dun	= Graubraun nach amerikanischem, Graublau nach englischem Verständnis
badger	= dachsfarben. Die Feder ist am Kiel entlang schwarz, der Rest der Fibern ist cremefarben. Die Fiberspitzen können schwarz sein.
badger dun	= wie badger, aber mit grauem Center
bronze dun	= eine Mischung aus Bronze und Grau
coch-y-bondhu	= tiefbraune oder rotbraune Feder mit einem schwarzen Center. Die Fiberspitzen sind gelegentlich schwarz und an den Spitzen manchmal gebogen. Der Name soll von einem in Schottland vorkommenden Käfer stammen, dessen Imitation eine so gezeichnete Feder erfordert.
cinnamon	= zimtfarben
chinchilla	= Grau-Weiß gebändert
cree	= in folgenden Farben gebändert: Grau, Weiß, helle oder dunkle Brauntöne
coachman	= sattes Dunkelbraun ohne Rotstich
cream	= Creme
dun	= Grau, verblichen
furnace	= Braun in verschiedenen Tönen, Center schwarz
ginger	= Ingwer, ein helles Braun
grizzly	= eigentlich *grizzle*, was im Amerikanischen ebenfalls *ergraut, betagt* bedeutet. Gemeint ist eine grauweiße, bei bestimmten Rassen auch schwarzweiße Bänderung. Ein anderer Name ist Plymouth Rock, der auf eine bestimmte Rasse hinweist.
honey	= honigfarben
red	= Rotbraun (nicht Rot) bis Mahagoni
splash	= wörtlich *Spritzer, Flecken*. In der Regel helle Bälge mit grauen Flecken.

Einige Züchter von Hahnenbälgen bezeichnen ihre Produkte mit eigenen Farbangaben. So etwa Metz, der den Begriff Coachman durch Chocolate (Schokolade) und Cream (Creme) durch sandy dun ersetzt.

Schwanzmaterial

Als Material für Schwänzchen von Trockenfliegen und Nymphen dienen die zahlreichen Federn und Haare, die beim Binden übrigbleiben. Beste Beispiele sind die Hechelfedern aus dem oberen Drittel oder den Seiten eines Balges oder die Fibern von Rupffedern. Eine besondere Auflistung der einzelnen Materialien ist daher nicht erforderlich.

Fibern und Haare werden grundsätzlich als Büschel oder einzeln in einer bestimmten Stellung eingebunden.

Das einzige speziell für das Binden großer Steinfliegennymphen entdeckte Material sind die Grannen von Schwungfedern. Das sind die kurzen, hornigen Fibern aus der schmalen Seite (Wetterseite) einer Flügelfeder.

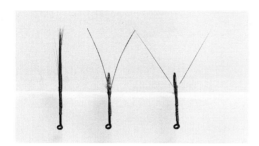

Schwänzchen für Trockenfliegen. Links die herkömmliche Bindeweise mit Fibern einer Hechelfeder, dicht stehend eingebunden. Mit derartigen Fibern ist auch die Herstellung eines fächerförmigen, natürlichen Schwänzchens möglich.
Mitte: zwei Hechelfederkiele, V-förmig gestellt und nach außen gerichtet. Diese Kiele sind schwimmfähig und garantieren eine erstklassige Schwimmlage der Fliegen.
Rechts: Zwei künstliche Fibern, V-förmig gestellt. Das ist die perfekte Imitation filigraner Borsten natürlicher Fliegen.

Grundtechniken des Fliegenbindens

Die vier Grundtypen der Fliegen und ihre Proportionen

Streamer, Nymphe, Naßfliege und Trockenfliege haben natürliche Vorbilder und damit Vorgaben, was Größe, Form und Proportion angeht.

Soweit es die Größe und Form betrifft, ist jeder Binder und Fischer bemüht, sich dem Vorbild soweit wie möglich zu nähern. Es ist ja auch einleuchtend, daß mit einer Größe für Maifliegen keine Ameise imitiert werden kann.

Beim Verhältnis von Haken und Material ist man da schon weniger gewissenhaft. Ein Blick in die Fliegenschachtel von Einsteigern läßt schnell erkennen: Flügel, Hecheln und Schwänzchen sind zu lang, Körper zu dick und Köpfe zu groß. Und viel zu häufig ist der Haken mit Material überladen. Nachfolgend werden daher die vier Grundtypen gezeigt und mit den entsprechenden Idealmaßen versehen. Natürlich steht jedem Binder frei, so zu proportionieren, wie er es für richtig hält. Es sei aber dringend empfohlen, erst dann Eigenelemente jeglicher Art, dazu gehört auch die Überproportionierung, einzubauen, wenn die Standardausführung in der üblichen Form sicher gelingt.

rücksichtigt werden. Überladungen mit Material verhindern allemal das lebhafte Spiel im Wasser. Sie sind daher gut beraten, eher etwas zuwenig Material einzubinden als zuviel.

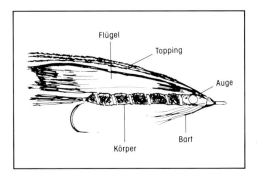

Fahne = 1/3 länger als der Hakenschenkel
Topping = abschließend mit der Fahne
Körper = den gesamten Schenkel bedeckend
Schwanz = abschließend mit der Fahne oder geringfügig länger
Bart = 1/3 bis ganze Körperlänge, niemals über den Hakenbogen hinausragend

Der Streamer

Der Streamer imitiert einen Futterfisch und zwar sowohl in Größe, Form und Kontur als auch in Bezug auf seine Bewegungen im Wasser. Letzteres muß bei der Menge des eingebundenen Materials be-

Die Naßfliege

Die Naßfliege imitiert grundsätzlich ein ertrunkenes oder nach der Paarung abgestorbenes Insekt. Aufbau, Form und Material der Naßfliege sind an die traditionellen Muster des vorigen Jahrhunderts sehr stark angelehnt. Ihr Imitationswert ist äußerst zweifelhaft. Der Grund für das Überleben dieses traditionsgebundenen Fliegentyps liegt ausschließlich im Fangerfolg, wobei bis heute noch nicht geklärt ist, wofür ein Fisch die Naßfliege hält. Die vernünftigste Erklärung ist, daß die Naßfliege schlichtweg für etwas Freßbares gehalten wird.

mentiert. Bis auf eine Ausnahme besitzen sie drei Schwanzborsten. Alle Nymphen haben sechs Beine.

Das natürliche Vorbild

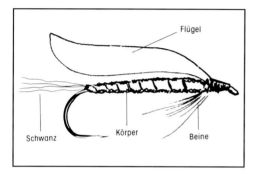

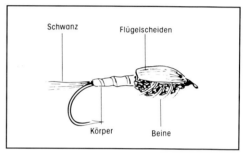

Körper = den gesamten Schenkel bedeckend, konisch
Flügel = je nach Muster so lang wie der Haken bis 1/3 darüber hinausragend
Bart = ca. 1/2 Schenkellänge
Schwanz = falls erforderlich 1/2 bis 3/4 Körperlänge

Körper = bestehend zu 3/5 aus Hinterleib und 2/5 aus Vorderleib, konisch
Flügelscheiden = Vorderleib überdeckend
Schwanz = Körperlänge (feine Büschel oder Einzelfibern) oder geringfügig kürzer
Bart (Beine) = 1/2 Körperlänge

Die Nymphe

Nymphen imitieren die aquatischen Larven im ausgewachsenen Stadium. Da die Larven von Eintagsfliegen, Steinfliegen und Köcherfliegen sehr unterschiedlich sind, ist eine allgemeingültige Empfehlung nicht möglich.

Eintagsfliegennymphen

Die Larven der Eintagsfliegen sind gekennzeichnet durch einen runden oder flachen torpedoförmigen Körper und ein Paar Flügelscheiden auf der Oberseite des Vorderleibes. Ihre Körper sind seg-

Steinfliegennymphen

Die Steinfliegenlarven haben Größen von ein bis vier Zentimeter. Für den Fliegenbinder sind nur die größeren Arten wichtig. Ihr Körper ist nicht konisch und wird zur Hälfte von den deutlich gezeichneten Flügelscheiden überdeckt. Auffallend sind auch die beiden starken, aber kurzen Schwanzborsten.

Die Nymphe · Die Trockenfliege 55

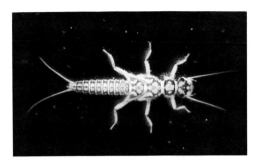

Das natürliche Vorbild

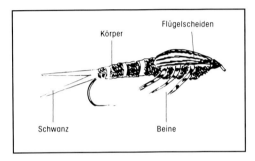

der Verpuppung, um dort zu schlüpfen. In dieser Phase sind Form, Größe und Aussehen anders als im larvalen Zustand. Der Körper hat die Form eines Engerlings; die Flügel (ohne Scheiden), Antennen und Beine liegen dicht am Körper an.

Das natürliche Vorbild (Aufsteigerform)

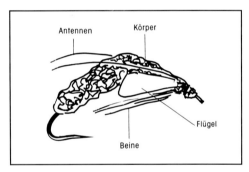

Körper   = den gesamten Schenkel bedeckend, je zur Hälfte Hinterleib und Vorderleib. Hinterleib deutlich segmentiert
Flügelscheiden = den Vorderleib überdeckend, dreigeteilt
Schwanz   = 1/2 Schenkellänge
Beine   = 1/2 Schenkellänge

Köcherfliegennymphen

Die Larven der Köcherfliegen kommen in zwei Formen, die beide bei uns häufig sind, vor: die köchertragende Larve, die allgemein als Sprock bekannt ist, und die köcherlose Larve, die im Aussehen einer Raupe gleicht. Beide Larven sind für den Fliegenfischer nicht so sehr wichtig, weil sie nur einen kleinen Bestandteil der Nahrungsdrift darstellen. Das liegt zum Teil daran, daß sich die Larven kletternd in strömungsgeschützten Steinritzen und im Moos aufhalten und kaum abgetrieben werden.

Die einzige Gelegenheit für die Fische, solche Larven zu erbeuten, ist daher der Aufstieg an die Wasseroberfläche nach

Körper   = Hakenschenkel bedeckend, gekrümmt
Flügel   = bis Körpermitte
Beine   = 1/2 Körperlänge
Antennen   = (falls gewünscht) ganze Körperlänge oder geringfügig länger

Die Trockenfliege

Die Trockenfliege imitiert eine flugfertige Eintagsfliege. Da Eintagsfliegen, einerlei ob eine große Maifliege oder eine winzige Herbstfliege, in Form und Proportion gleich sind, kann eine allgemeine Proportionsregel aufgestellt werden. Zu den Trockenfliegen zählen auch die flugfertigen Köcher- und Steinfliegen, die sich im Körperaufbau ähneln. Sie werden jedoch wegen der abweichenden Flügelstellung separat dargestellt.

Das natürliche Vorbild

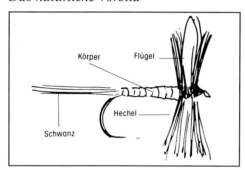

Körper	= Schenkel hinter der Hechel bedeckend, konisch
Hechel	= Körperlänge
Flügel	= Hakenlänge (inklusive Bogen)
Schwanz	= Körperlänge, gerade oder leicht steigend eingebunden

Die Einhaltung der Proportionen muß an dieser Stelle noch einmal dringend empfohlen werden. Einsteiger wie Veteranen tun gut daran, die Proportionen während des Bindens immer und immer wieder zu kontrollieren.

Fliegen, die außerhalb jeder erträglichen Proportion gebunden wurden, sind nicht nur unansehnlich. Sie fangen auch nicht und haben folgende Nachteile:
Überladungen machen eine Trockenfliege schwer. Wenn das Material naß wird, wird die Fliege unter Wasser gezogen. Bei versunken gefischten Fliegen wird meistens die gewünschte Sinkfähigkeit vermindert.
Zu große Hecheln, vor allem, wenn sie obendrein noch dicht gebunden sind, vermindern die Hakfähigkeit und führen zu übermäßig viel Fehlbissen.
Nach allen Seiten abstehende Hecheln verhindern eine korrekte Schwimmposition. Das Ergebnis sind Fehlbisse oder Verweigerung.
Asymmetrisch eingebundene Flügel erzeugen eine Propellerwirkung. Das Vorfach verdrallt.
Zu lange Barthecheln legen sich auf eine Seite des Hakenbogens. Die durch das Wasser gezogene Fliege dreht sich um die eigene Achse.
Zu lange Streamerfahnen verursachen Fehlbisse.
Zu viel Material bei Naßfliegen und Nymphen kann das Einsinken erschweren.

Grundlegende Arbeitsgänge

Das Einspannen des Hakens

Im Kapitel über die Haken wurde bereits eingehend erläutert, daß die Spitze mit ihrer Kerbung von maximal 25 Prozent gegen Mißhandlungen jeglicher Art anfällig ist und deswegen eine besonders vorsichtige Handhabung erfordert.

Das trifft nirgendwo so sehr zu wie beim ersten Handgriff, dem Einspannen des Hakens in den Schraubstock. Wenn die feine Spitze wegen ihrer Bruchanfälligkeit dem Spanndruck der Backen eines Bindestockes nicht ausgesetzt werden darf, bleibt nur noch die untere Hälfte des Hakenbogens zum Einspannen übrig.

Die untere Hälfte des Hakenbogens ist, zumindest beim Sproat- und Limerickbogen, der stabilste Teil des Hakens. Es wäre ein Unding, den Haken nicht dort einzuspannen, sondern an einer schwächeren oder künstlich geschwächten Partie.

Natürlich haben die Binder, die die gesamte Hakenspitze einspannen, ein gutes Argument: Die durch die Backen verdeckte Spitze stört nicht mehr. Es kommt weder zu Beschädigungen des Bindematerials noch des Hauptfadens. Doch muß einfach eingesehen werden, daß es sinnlos ist, einen Aufwand beim Binden zu betreiben, wenn das fertige Produkt dann risikobehaftet oder gar defekt ist und nur noch für den Mülleimer taugt.

Es ist auch bekannt, daß in der deutschsprachigen und englischsprachigen Literatur bis auf eine rühmliche Ausnahme das Einspannen der Hakenspitze empfohlen wird. Das bedeutet jedoch weder, daß die Masse der Autoren recht haben muß, noch besagt es, daß man dieses Risiko eingehen darf, weil es alle in Kauf nehmen. Es bedeutet lediglich, daß diese Autoren entweder mit ihren eigenen Fliegen erst gar nicht fischen gehen oder sie sich keine Gedanken darüber machen, warum ihnen beim Drill die Hakenspitzen abbrechen und sie möglicherweise einen Fisch nach dem anderen verlieren.

Lassen Sie also die Hakenspitze getrost aus den Backen Ihres Bindesstockes herausragen. Wenn Sie in Zukunft nach der in diesem Buch empfohlenen Methode Ihre Fliegen binden, wird Ihnen vielleicht zehn Mal im Jahr der Hauptfaden abreißen, weil Sie unvorsichtig waren. Für diese Fälle wird Ihnen dafür ein Trick verraten, wie Sie ohne größeren Aufwand weiterbinden können. Siehe Kapitel „Wenn der Faden reißt".

Der überwiegende Teil der Backen schließt konstruktionsbedingt konisch. Das bedeutet, daß die Hakenspitze gequetscht wird (links).
Die Abbildung rechts zeigt den Idealfall: parallel schließende Backen.

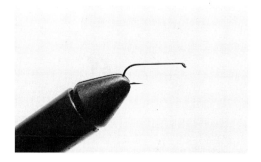

So wird ein Haken richtig eingespannt: Der Backendruck wirkt auf den robusten Hakenbogen.
Der Haken sollte immer waagerecht eingespannt sein. Das verhindert ein Abrutschen der Materialien nach vorn oder hinten und erleichtert die Kontrolle der Proportionen.

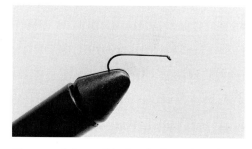

Nur unsichere Binder haben Angst vor der Hakenspitze.

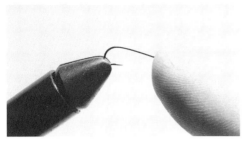

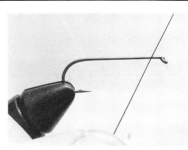

Der Haken muß immer einen sicheren, festen Sitz haben. Zu schwacher Backendruck bewirkt ein Verrutschen des Hakens, vor allem bei der Arbeit mit grobem Material und langschenkligen Mustern. Machen Sie folgenden Test: Mit der Kuppe des Zeigefingers drücken Sie ganz vorn gegen das Öhr und versuchen, den Hakenschenkel nach unten oder oben zu biegen.
Bleibt die Position von Hakenbogen und -spitze unverändert, sitzt der Haken fest genug.
Verändert sich hingegen die Spitze des Hakens, während Sie den Schenkel nach oben oder unten drücken, muß nachgespannt werden.

Die linke Hand hält das Fadenende unterhalb des Hakens, die rechte wird so über den Haken geführt, daß der Faden den Hakenschenkel hinter dem Öhr schräg kreuzt.

Führen Sie den Faden nach unten und erhöhen Sie die Spannung, damit er auf dem Hakenschenkel nicht verrutscht.

Das Einbinden des Hauptfadens

(Alle ab hier beschriebenen und dargestellten Handgriffe gelten für Rechtshänder. Linkshänder vollziehen bitte analog nach.)
   Wenn der Haken sicher eingespannt ist, muß zunächst der Hauptfaden eingebunden werden. Dabei geht man am besten streng nach der unten beschriebenen Methode vor. Sie hat nämlich den Vorteil, daß der Faden nicht nur bombensicher hält, die mit flachem Hauptfaden gemachten Windungen tragen auch nicht auf.
   Sie sind bestens beraten, den Hauptfaden stets im Uhrzeigersinn zu führen. Das entspricht nicht nur den natürlichen Bewegungsgewohnheiten der Hand, sondern es ist auch Teil einer Bindesystematik, auf die weiter unten noch eingegangen wird.

Winden Sie weiter, bis sich beide Fäden kreuzen.

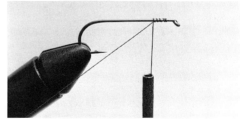

Fahren Sie mit den Windungen fort. 4 bis 5 Lagen genügen, um das Fadenende sicher einzubinden.

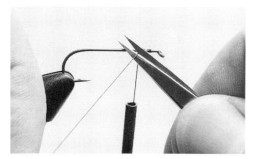

Nun wird das Fadenende kurz abgeschnitten. Den Faden mit Spulenhalter läßt man dabei herunterhängen.

Diese Methode des Einbindens ist perfekt, – solange der Hauptfaden unter Spannung steht. Machen Sie die Gegenprobe: Heben Sie den Spulenhalter kurz an, und Sie werden sehen, daß sich die Windungen sofort von selbst lösen.

Mit diesem Test haben Sie ein wichtiges Erfordernis des Fliegenbindens erkannt: die Fadenspannung.

Der Hauptfaden muß vom Einbinden bis zur abschließenden Kopfwicklung immer unter Spannung stehen. Das bedeutet nicht zwangsläufig, daß man am Faden ziehen muß. Beim Einbinden von Materialien reicht ein der Beschaffenheit des Materials entsprechender Zug mit der Führungshand, ansonsten genügt das Gewicht des Spulenhalters.

Die Fadenspannung ist dermaßen wichtig, daß nur mit Nachdruck empfohlen werden kann, während des gesamten Bindevorganges darauf zu achten. Denn so wie sich bei Aufhebung der Spannung die Windungen gelöst haben, wird sich auch jedes eingebundene Material lösen, ganz gleich, ob es sich um einzelne Elemente oder ganze Büschel handelt.

Noch ein Wort zu gewissen Variationen beim Einbinden des Fadens. In der Literatur steht gelegentlich, daß nach dem Einbinden des Fadens oder eines Materials Knoten zur Sicherung zu machen sind. Vergessen Sie das! Eine Fliege, egal welcher Art, hat nur einen einzigen Knoten, und das ist der Abschlußknoten. Jegliches Material wird ausschließlich durch den gespannten Faden gehalten.

Besonders bei kleinen Haken und runden Bindefäden sinnlos: der Knoten zum Absichern. Das starke Auftragen führt zu Knubbeln, die das weitere Binden erschweren oder sogar unmöglich machen.

Das Einbinden von Materialien

Wenn Sie ein Material, gleich welcher Art, einbinden wollen und es auf den Hakenschenkel legen, um es mit dem Hauptfaden zu überwickeln, werden Sie eine böse Überraschung erleben. Der Hauptfaden wird mit jeder Windung das Material zur Seite drücken und es nie zu fassen bekommen. Der Grund dafür ist einfach: Der gespannte Faden ist steif, das einzubindende Material weich. Es gibt dem steifen Faden nach. Da sich aus dem weichen Material kein steifes machen läßt, müssen Sie sich mit dem folgenden Trick behelfen, den man die Lokkere oder Verdeckte Schlaufe nennt.

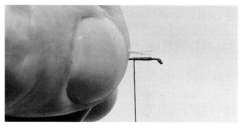

Ausgangspunkt ist ein Stück Floss, das eingebunden werden soll. Sie legen es oben auf den Hakenschenkel.
Jetzt führen Sie den Hauptfaden genau an jene Stelle, an der das Floss eingebunden werden soll. Unmittelbar dahinter befinden sich Daumen und Zeigefinger, die das Floss halten.

60 Grundlegende Arbeitsgänge

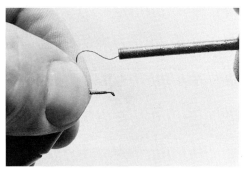

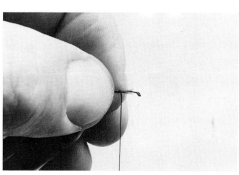

Führen Sie den Faden nach oben zwischen Daumen und Zeigefinger und halten Sie ihn fest. Dabei steht der Faden unter geringer Spannung.

Wenn der Faden jetzt angezogen wird, legt er sich auf den Hakenschenkel, ohne daß dabei das Material verrutscht.

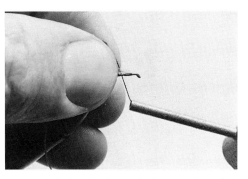

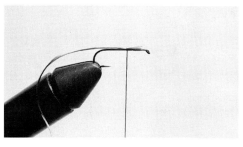

Das Ergebnis: Das Material ist oben auf dem Hakenschenkel eingebunden.

Jetzt wird der Faden wieder an der gleichen Stelle nach unten geführt, ebenfalls von Daumen und Zeigefinger ergriffen und festgehalten.

Diesen Trick müssen Sie mehrmals üben, denn er ist der wichtigste Handgriff beim Fliegenbinden. Beginnen Sie mit einfachen Materialien wie Lurex, Wollfäden oder Floss und steigern sie über Einzelfibern bis zu Haarbüscheln.

Material gehört auf den Haken

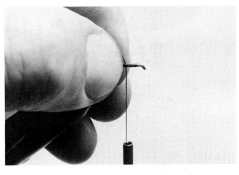

Die richtige Position des Fadens liegt vor, wenn er über dem Haken in den beiden Fingern eine Schlaufe bildet. Die Schlaufe sollte nicht zu groß sein.

Da Sie als Rechtshänder den Spulenhalter oder irgendwelche Zierfäden immer mit der rechten Hand führen, müssen Sie zwangsläufig alle Materialien, die Sie einbinden wollen, mit den Fingern der linken Hand ergreifen. Benutzen Sie dazu stets den Daumen und den Zeigefinger.

Zum Einbinden ist es erforderlich, daß Sie das Material grundsätzlich auf den Haken beziehungsweise an den Haken legen. Sie dürfen es niemals darüber oder sonst in einem Abstand zum Haken halten. Was passiert, wenn Sie Abstand zum Haken halten, das zeigen die folgenden Abbildungen unten.

Ein Büschel Haare wird über dem Haken gehalten. Die lockere Schlaufe ist bereits gelegt.

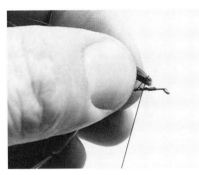

Beim Anziehen bekommt der Faden nur einen Teil der Haare zu fassen.

Der Faden (Schlaufe) ist zu weit von der Hauptwicklung entfernt. Beim Festziehen rutscht er vom Material herunter.

Um sicherzugehen, daß die lockere Schlaufe das gesamte einzubindende Material faßt, muß dieses möglichst weit vorn gehalten werden. So kann die Schlaufe senkrecht nach unten aus den Fingern gezogen werden und sofort das Material auf den Hakenschenkel drücken.

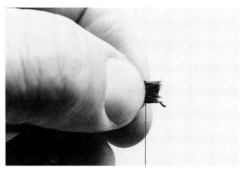

So ist es richtig: Die Schlaufe befindet sich senkrecht über dem Ende des einzubindenden Materials.

Beim Anziehen faßt der Faden das gesamte Haarbüschel.

Ein bis zwei zusätzliche Windungen garantieren einen sicheren Sitz.

Der Abschlußknoten

Für den Abschlußknoten, den man auch Kopfknoten nennt, weil er der Abschluß der Kopfwicklung ist, kommt nur ein Knotentyp in Betracht. Er wird im Deutschen als Verborgener Knoten bezeichnet. Unter Fliegenbindern ist allerdings der englische Name Whip Finish geläufiger.

Den Whip Finish übt man am besten erst einmal am blanken, großen Haken. Dabei geht man am Anfang ohne Gerät vor, um die Systematik dieses nicht ganz einfachen Knotens schneller zu begreifen.

Wie bereits im Kapitel „Einbinden des Hauptfadens" angeführt, besteht eine Fliege grundsätzlich nur aus einem Knoten, dem Abschlußknoten.

Diesen Knoten müssen Sie beherrschen, bevor Sie Ihre erste Fliege binden. Wagen Sie bitte nicht, den Knoten bei der Fertigstellung Ihrer ersten Fliege zu erlernen. Unsicherheit beim Abschlußknoten hat regelmäßig zur Folge, daß Ihnen Wicklungen aufgehen, daß mit dem Knoten Fibern oder Haare unbeabsichtigt eingebunden werden und daß empfindliche Teile, wie z. B. Flügel, verdrückt oder beschädigt werden.

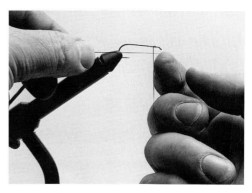

Während Sie nun die linke Hand mit dem Faden (Spulenhalter) in Richtung Bindestock führen, drehen Sie die rechte Hand so, daß Sie in die Hand hineinschauen können. Der Faden befindet sich nun in einer Senkrecht/Waagerecht-Stellung. Das ist die Ausgangsposition für den Abschlußknoten.

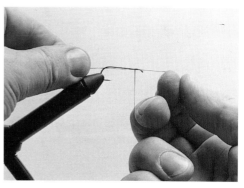

Führen Sie den waagerechten nun so, daß er am Hakenschenkel anliegt.

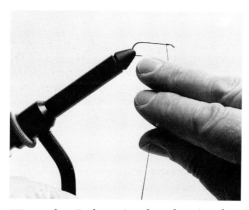

Wenn der Faden eingebunden ist, legt man den Zeige- und Mittelfinger der rechten Hand auf den gespannten Faden. Der Daumen drückt den Faden von unten an den Zeigefinger.

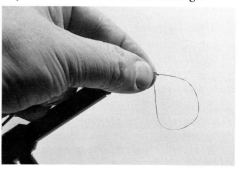

Mit Daumen und Zeigefinger der linken Hand wird der Faden genau dort gehalten, wo er sich selbst kreuzt.

Das Einbinden von Materialien 63

Jetzt ergreifen Sie den senkrechten Faden und winden ihn im Uhrzeigersinn um den Hakenschenkel. Dabei pressen Sie den waagerechten Faden mit dem senkrechten an den Schenkel. Der senkrechte Faden ist dabei mäßig gespannt.

Legen Sie fünf bis sechs Windungen nebeneinander in Richtung Öhr.

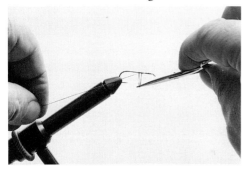

Jetzt können Sie zuziehen. Dabei müssen alle Fadenteile weiterhin unter Spannung stehen. Halten Sie einen Kugelschreiber oder irgendein anderes Gerät wie Dubbingnadel, geschlossene Schere etc. in die Schlaufe und ziehen Sie mit der linken Hand, bis sich die Schlaufe zusehends verkleinert.

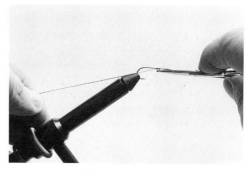

Wenn sie so klein ist, daß sie kaum noch gehalten werden kann, ziehen Sie zügig weiter und lassen sie vom Kugelschreiber herunterspringen.

Halten Sie den Faden unter etwas größerer Spannung und schneiden Sie ihn unmittelbar an den Windungen ab. Die Schnittstelle liegt jetzt geschützt und unter den Wicklungen verborgen.

Dieser Knoten hält so gut, daß er unverzichtbar ist. Wer mit ungewachsten Fäden bindet, sollte ihn mit einem Tröpfchen Lack absichern. Bei Verwendung vorgewachster Fäden ist das Lackieren überflüssig.

Der Halbe Schlag

Die bequemen Kameraden der Zunft begnügen sich mit einem Gebilde, das sie Halben Schlag nennen. Dieser läßt weder einen kleinen und gleichmäßigen Kopf zu, noch ist er auch nur annähernd haltbar. Die Anhänger dieser Schlinge, mehr ist er nicht, retten ihre Fliege durch nachträgliches, intensives Lackieren.

Der Kopfknoten mit dem Whip Finisher

Vor allem bei kleinen Fliegen ist es eine große Erleichterung, wenn man für den Abschlußknoten einen Whip Finisher benutzt.

Das Arbeitsprinzip ist das gleiche wie per Hand. Ausgangsposition ist wieder die bereits erläuterte Senkrecht/Waagerecht-Stellung des Fadens.

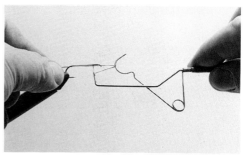

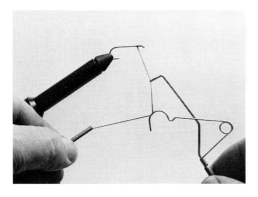

Den korrekten Arbeitsgang bis hierher erkennt man daran, daß der Faden eine Senkrecht/Waagerecht-Position unmittelbar unterhalb des Hakenschenkels einnimmt.

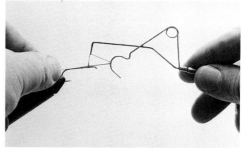

Führen Sie den Whip Finisher von hinten an den Faden heran und haken Sie ihn oben und unten ein. Das Gerät wird nun ein oder zwei Zentimeter nach rechts geführt, damit der Faden und die Feder des Whip Finishers die erforderliche Spannung bekommen.

Während die Position der linken Hand unverändert bleibt, wird der Whip Finisher im Uhrzeigersinn kreisförmig um den Hakenschenkel geführt. Dabei wird das Gerät um seine eigene Achse gedreht.

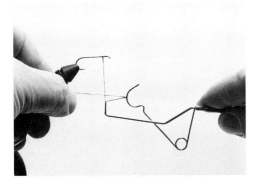

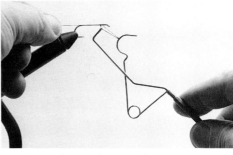

Die linke Hand führt jetzt den Spulenhalter in Richtung Spannhebel nach links, während der Whip Finisher im Uhrzeigersinn um 180 Grad um seine eigene Achse gedreht wird.

Nach vier bis sechs Windungen wird der Whip Finisher vorn ausgeklinkt, so daß nur noch die Feder den Faden unter Spannung hält. Dabei führen Sie ihn auf Ihren Körper zu, so daß der Faden senkrecht zum Hakenschenkel steht. Das verhindert ein Abrutschen der Fadenwicklung über das Öhr.

Das Einbinden von Materialien

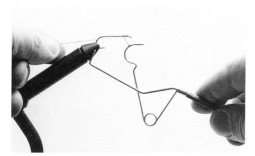

Während nun die linke Hand die Schlaufe zuzieht, wird die Feder des Whip Finishers zum Haken geführt.

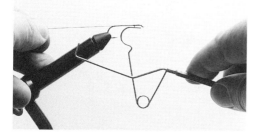

Die Schlaufe ist immer kleiner geworden und rutscht von der Feder.

Der Knoten ist fertig. Der Faden wird abgeschnitten.

Die Wickelrichtung

Rationelles und sicheres Fliegenbinden erfordert vor allem bei der Fadenführung eine gewisse Systematik. Bei aller Vorliebe für binderische Freiheiten sollte man sich angewöhnen, wiederkehrende Handgriffe nach einer bestimmten Methode auszuführen.

Dazu gehört in erster Linie die Führung des Hauptfadens. Die sinnvolle Empfehlung kann in diesem Zusammenhang nur lauten: Der Hauptfaden muß im Uhrzeigersinn gewunden werden. Mit einem kleinen Beispiel läßt sich der Vorteil dieser Methodik leicht beweisen.

Ein Wollfaden für den Körper wird von hinten nach vorn zum Hauptfaden gegen den Uhrzeigersinn gewunden. Er überdeckt mit einer halben Wicklung den Hauptfaden.

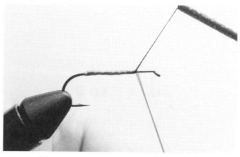

Da beide Fäden gegenläufig geführt werden, „schneidet" der Hauptfaden mit der nächsten Windung den Materialfaden.

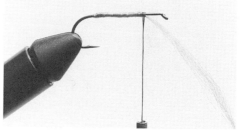

Bereits jetzt ist der Materialfaden eingebunden. Ein bis zwei zusätzliche Windungen sichern ihn ab.

Die Wickelrichtung des Hauptfadens ergibt sich auch aus der Arbeitsweise des Whip Finishers. Dieser arbeitet nämlich wegen seiner gebogenen Spitze nur im Uhrzeigersinn. Es wäre ein Unding, wollte man bei einer Fliege mit zwei verschiedenen Wickelrichtungen arbeiten.

Natürlich wird es vorkommen, daß nicht nur ein, sondern zwei oder sogar drei Körperfäden eingebunden werden müssen. In diesen Fällen greift folgende Regel:
Hauptfaden: im Uhrzeigersinn
1. Körperfaden: entgegengesetzt
2. Körperfaden: im Uhrzeigersinn
3. Körperfaden: entgegengesetzt

Diese Methode hat zudem den Vorteil, daß das zuletzt eingebundene Material das zuvor eingebundene arretiert und absichert. Es ist einleuchtend, daß bei gleicher Wickelrichtung dieser Effekt nicht erzielt werden kann.

Wenn der Faden reißt

Vor allem bei Einsteigern kommt es immer wieder einmal vor, daß der Hauptfaden zu stramm angezogen wird und reißt oder in Berührung mit der Hakenspitze kommt und beschädigt wird.

Ein abgerissener Faden bedeutet aber keinesfalls, daß man nicht weiterbinden kann und abbrechen muß.

Ein kleiner Trick ermöglicht die sofortige Fortführung, ohne daß irgendwelche Nachteile entstehen.

Ergreifen Sie zusätzlich den „neuen" Hauptfaden, führen Sie ihn zum Hakenschenkel und anschließend darüber.

Winden Sie nun den Hauptfaden um die letzten Windungen des Fadenrestes. Dabei wird der „neue" Hauptfaden eingebunden. Nach drei bis vier Windungen ist der Fadenrest sicher eingebunden, und Sie können ihn abschneiden.

Der Faden ist gerissen. Halten Sie das Fadenende unter Spannung.

Trocken oder naß?

Flauschiges Material wie z. B. Maraboufedern oder Büschel mit Haaren oder Fibern sind mitunter nicht einfach zu verarbeiten. Flauschiges bekommt man manchmal buchstäblich nicht in den Griff; Haare und Fibern dürfen nicht aus der Hand gelegt werden. Aber was tun, wenn das Telefon klingelt, wenn aus anderen Gründen unterbrochen werden muß?

Auch hier hilft ein kleiner Trick: Machen Sie Federn und Büschel naß, bis sie zusammenkleben. Wer sich nicht das Ma-

Das Einbinden von Materialien 67

terial durch die feuchten Lippen ziehen will, verwendet einen Schwamm oder ein Schwammtuch.

Links die trockene Maraboufeder, rechts die feuchte, zusammenklebende.

So läßt sich eine flauschige Feder problemlos einbinden.

Ein Büschel Haare darf man nie aus der Hand legen. Auch sie kleben zusammen, wenn sie angefeuchtet sind.

Je dünner das Büschel, desto leichter die Verarbeitung.

So dreht man Haare herum

Fibern und Haare bedürfen immer eines besonderen Handlings, weil man sie nicht aus der Hand legen darf. Wer es dennoch tut, wird Filigranarbeit verrichten müssen, um den ursprünglichen Zustand wiederherzustellen. Das betrifft besonders feinste Haare und Fibern für Flügel. Dabei geht es doch so einfach ...

Ein Büschel Fibern wird aus einer Rupffeder geschnitten. Die Schere wird üblicherweise mit der Rechten bedient.

Die Spitzen zeigen nach links. Da die Fibern als Flügel eingebunden werden sollen, müssen sie jedoch nach rechts gerichtet sein.

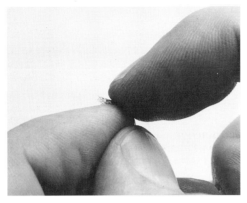

Drücken Sie mit dem rechten Zeigefinger gegen die Basis des Büschels.

Lassen Sie den linken Zeigefinger los. Jetzt ragt die Basis der Fibern zwischen linkem Daumen und rechtem Zeigefinger hervor.

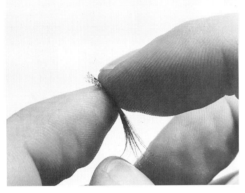

Lassen Sie den Daumen los. Die Fibern werden jetzt nur von den beiden Zeigefingern gehalten.

Nun legen Sie den linken Zeigefinger auf die Spitzen, und damit sind die Fibern richtig „herumgedreht".

Lackieren

Der einzige Teil einer Fliege, bei dem eine Lackierung sinnvoll ist, ist die Kopfwicklung mit dem Whip Finish. Dafür geeignet sind alle wasserfesten, dünnflüssigen und schnelltrocknenden Lacke.

Als Hilfsmittel zum Auftragen eines kleinen Tropfen Lackes hat sich die Dubbingnadel bewährt. Man taucht sie in den Lack, hält sie schräg, damit sich ein Tropfen bilden kann und läßt diesen dann auf die Kopfwicklung laufen.

Eine andere Methode besteht darin, die benetzte Nadel am Kopf abzustreifen.

Wichtig beim Lackieren ist vor allem, daß nicht zuviel Lack aufgetragen wird.

Der linke Daumen drückt nun die Fibern gegen den rechten Zeigefinger. Die Spitzen zeigen dabei nach rechts.

Ist der Lacktropfen zu groß, ist eine (Lack)Klumpenbildung möglich. Es kann aber auch vorkommen, daß der überschüssige Lack vom Körpermaterial oder dem Hechelrad der Trockenfliege aufgesogen wird.

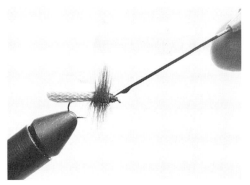

Beste Lackiertechnik: Ein Tropfen Lack gleitet die Nadel entlang bis zur Kopfwicklung.

Kleben

Mit dem Aufkommen artfremder Bindematerialien sind gelegentlich ebensolche Klebetechniken angewendet worden. Obwohl das Verkleben beim Binden völlig überflüssig ist, kann, wer den Aufwand auf sich nehmen will, einige wenige Materialien durch Verkleben stabiler machen.

Das bekannteste Beispiel ist das Aufkleben von Flügelsegmenten auf flexiblen Unterlagen, etwa Nylongewebe. Die Klebeschicht hat natürlich ihr Gewicht und mindert die Schwimmfähigkeit einer Fliege ganz erheblich. Auf die Beschreibung solcher Techniken wird daher hier verzichtet.

Die wenigen Gelegenheiten, bei denen ein Kleben oder übermäßiges Lackieren sinnvoll ist, sind an entsprechender Stelle bei den Anleitungen erläutert und dargestellt.

Der methodische Aufbau

Streamer, Naßfliege, Nymphe

Streamer, Naßfliege und Nymphe werden grundsätzlich von hinten nach vorn aufgebaut, wobei der Kopfknoten den Abschluß bildet. Das ist bei der Trockenfliege anders: Da die Flügel zuerst eingebunden werden müssen, wird vorn begonnen und danach der Faden nach hinten geführt. Der weitere Aufbau entspricht dann dem von Nymphe und Naßfliege.

Streamer

Bei dem in den folgenden Abbildungen dargestellten Muster handelt es sich um einen Streamer, der der amerikanischen Schule entspricht. Er hat sich auch in Europa durchgesetzt und kann in Aufbau, Materialanordnung und Proportion als Musterbeispiel angesehen werden.

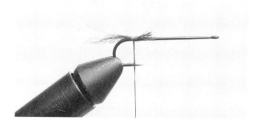

Schwänzchen einbinden.

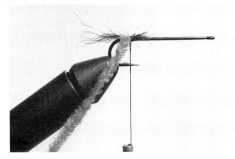

Körpermaterial einbinden.

Der methodische Aufbau

Rippungsfaden einbinden.

Barthecheln einbinden.

Körpermaterial nach vorn winden und abschließen.

Topping einbinden.

Rippungsfaden nach vorn führen und abschließen.

Kopf formen.

Fahnenmaterial einbinden.

Mit Whip Finish abschließen.

Streamer, Naßfliege, Nypmhe 71

Naßfliege

Schwanz einbinden.

Körpermaterial einbinden.

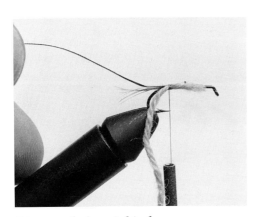

Rippungsfaden einbinden.

Körpermaterial nach vorn führen und abschließen.

Rippungsfaden nach vorn führen und abschließen.

Barthechel einbinden.

Flügel einbinden.

Kopf formen.

Körpermaterial einbinden.

Mit Whip Finish abschließen.

Rippungsfaden einbinden.

Nymphe

Körpermaterial zuerst, und dann Rippungsmaterial nach vorn führen und abschließen. Faden zurück bis vor die Körpermitte führen.

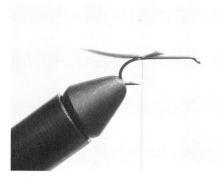

Schwanz einbinden.

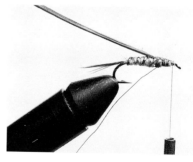

Flügelscheiden und Material für den Vorderleib (Thorax) einbinden.

Streamer, Naßfliege, Nymphe · Trockenfliege

Trockenfliege

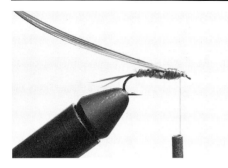
Thorax formen und abschließen.

Flügel einbinden.

Barthechel einbinden.

Hechelfeder einbinden.

Flügelscheiden nach vorn legen und abschließen.

Schwanzfibern einbinden.

Kopf formen und abschließen.

Körpermaterial einbinden, nach vorn führen und abschließen.

Hechel winden und abschließen. *Kopf herstellen und abschließen.*

Dieser Aufbau ermöglicht es, gut 90 Prozent aller Fliegenmuster zu binden. Abweichungen findet man allenfalls bei modernen Mustern mit unkonventionellem Aussehen oder speziellen Techniken. Dazu gehören z. B. die verschiedenen Sedges, die Weißdornfliege oder geflügelte Ameisen. Die wichtigsten Muster sind im letzten Kapitel erläutert.

Um Wiederholungen zu vermeiden, wurde bei obigen Erläuterungen nicht auf die Fadenführung eingegangen. Sie ist wesentlicher Bestandteil in den folgenden Kapiteln.

Fliegen im Detail

Als erste Fliege, deren Entstehung Schritt für Schritt dargestellt wird, wurde ein Streamer ausgewählt. Das hat seinen Grund: Der Streamer ist ja im Vergleich zu einer Trockenfliege relativ groß, und die einzubindenden Materialien sind entsprechend volumig. Das vereinfacht die ganze Handhabung ungemein und gibt gegenüber kleinen Fliegen die bessere Möglichkeit, nachträglich zu korrigieren. Das gilt insbesondere für die außerordentlich wichtigen Proportionen.

Wer das Binden nach diesem Buch erlernt, sollte dieses Kapitel auf keinen Fall überspringen, auch wenn er den Streamer aus ethischen Gründen ablehnen sollte.

Hier geht es einfach um den sicheren Umgang mit dem Material und um die logische Reihenfolge der einzelnen Handgriffe.

Ganz bewußt wurde nicht auf irgendein bekanntes Fliegenmuster und die dafür vorgegebenen Materialien zurückgegriffen. Der eine Grund dafür ist die Vermeidung von häufigen Wiederholungen, der andere liegt in der Systematik dieses Buches: Ohne auf irgendwelche Materialien bewährter und weniger bewährter Muster zurückzugreifen, werden alle Handgriffe für das Verarbeiten wichtiger Materialien kapitelweise dargestellt und erläutert.

Diese Vorgehensweise, die auch bei der Naßfliege, der Nymphe und der Trockenfliege durchgehalten wird, ist der einzige Weg, den Leser sicher in der Materialverarbeitung zu machen. Darüber hinaus kann dieses Buch auch später wieder als Nachschlagewerk benutzt werden.

Nach dem Durcharbeiten wird das Nachbinden von Mustern nach strengen Materialvorgaben und sonstigen Vorgaben zum Kinderspiel.

Ein Streamer entsteht

Material:
Haken: Größe 6, langschenklig
Schwanz: Kalbschwanz
Körper: Chenille
Rippung: flaches Tinsel
Bart: Kalbschwanz
Fahne: Eichhörnchenschwanz

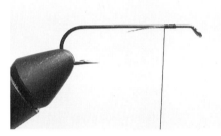

Haken so einspannen, daß die Spitze herausschaut. Der Schenkel ist waagerecht. Ein Faden der Stärke A, vergleichbar mit Rutenbindeseide oder Nähgarn, wird etwa 2 mm hinter dem Öhr eingebunden.

Um ein Verrutschen des Körpermaterials zu verhindern, wird der Hauptfaden mit Zwischenräumen von etwa 1 mm nach hinten gewunden bis zum Ende des Schenkels. Um den Streamer schwerer zu machen, können Sie die Windungen auch dicht nebeneinander legen. Das Umwickeln des Hakenschenkels ist indes nicht zwingend erforderlich. Manche Binder beginnen am Schenkelende, um sofort das Material für den Schwanz einzubinden.

Für das Schwänzchen wird ein Büschel nicht zu langes Haar, das wäre Verschwendung, aus dem unteren Drittel eines Schwanzes herausgesucht, gegen die Wuchsrichtung der Haare gedrückt und auf Eignung geprüft.

Passen Anzahl und Länge zur Hakengröße, wird das Büschel möglichst weit unten mit einer robusten Schere abgeschnitten. Bitte jetzt daran denken, daß Sie die Haare nicht mehr aus der Hand legen. Sie haben sonst eine Anzahl Einzelhaare übrig, die Sie nicht mehr verarbeiten können.

Da Sie Ihre Schere mit der rechten Hand bedienen, halten Sie das Haarbüschel mit der linken an den Spitzen. Um die exakte Länge des Schwänzchens bestim-

men zu können, ergreifen Sie das Büschel mit Daumen und Zeigefinger der rechten Hand und halten es an das Schenkelende.

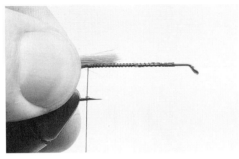

Mit der linken Hand greifen Sie das Büschel jetzt so weit vorn, bis es die richtige Länge hat. Unter Zugabe von 3 bis 4 mm, die zum Einbinden notwendig sind, werden die Haare abgeschnitten.

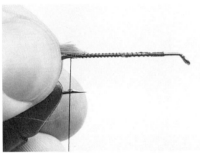

Der Schnitt selbst erfolgt schräg. Das vermeidet einen Wulst auf dem Hakenschenkel. Der schräge Schnitt ermöglicht dort eine kaum sichtbare Verdickung, wo das Haarmaterial beginnt.

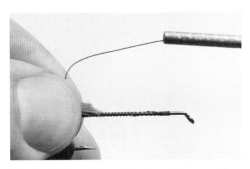

Mit der linken Hand halten Sie nun das Schwänzchen so, daß die Haare auf dem Hakenschenkel liegen. Dann führen Sie den Hauptfaden nach oben und klemmen ihn zwischen den Fingern, die das Schwanzmaterial halten, ein.

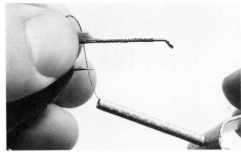

Jetzt kommt ein ganz wichtiger Schritt: Sie führen den Faden ohne Spannung nach unten. Der Faden läuft dabei hinter dem Hakenschenkel.

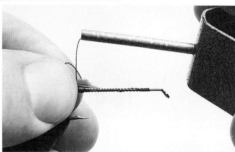

Nun führen Sie den Faden, der immer noch ohne Spannung ist, wieder nach oben. Bitte achten Sie darauf, daß sich dort, wo der Faden den Hakenschenkel kreuzt, auch das einzubindende Material befindet.

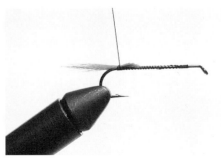

Jetzt führen Sie den Faden zügig nach oben. Dabei merken Sie, wie die Verdeckte Schlaufe aus Ihren Fingern gleitet und sich wie eine Windung um den Haken mitsamt dem Haarmaterial legt und das Schwänzchen festhält.

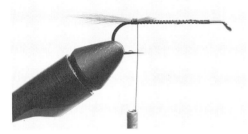

Da Haare leicht verrutschen, umwickeln Sie sie gleich drei- bis viermal, und zwar so fest wie möglich. Danach können Sie das Haarmaterial loslassen.
Die richtige Position des Schwänzchens erkennen Sie daran, daß es waagerecht steht, am Ende des Hakenschenkels beginnt und nicht wesentlich länger als 1/3 der Schenkellänge ist.

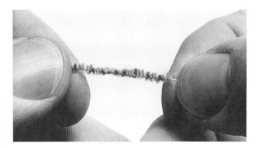

Es folgt das Vorbereiten des Körpermaterials. Schneiden Sie 10 cm Chenille ab und ergreifen Sie mit den Spitzen von Daumen und Zeigefinger die letzten 5 mm. Mit dem Fingernagel streifen Sie nun die Fibern der Chenille ab.

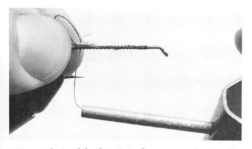

Was übrig bleibt, ist der verzwirnte Fa-

den. Es schadet nicht, wenn er etwas aufgegangen ist.
Fassen Sie diesen nun kurz und legen Sie ihn auf die Wicklung des Schwanzes. Mit der verdeckten Schlaufe binden Sie ihn ein. Zwei Wicklungen genügen dabei übrigens.

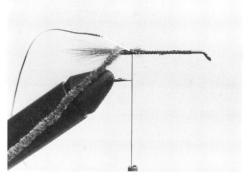

Schneiden Sie jetzt 10 cm Tinsel ab und binden Sie es an der gleichen Stelle ein. Der Bindevorgang ist der gleiche wie bei der Chenille. Achten Sie darauf, daß alle eingebundenen Materialien nach hinten aus den Windungen des Hauptfadens heraustreten, damit Sie bei den weiteren Arbeiten am Hakenschenkel unbehindert sind.

Führen Sie nun den Hauptfaden nach vorn bis etwa 4 mm vor das Öhr. Beim Winden nach vorn werden die anfangs gemachten Windungen gekreuzt. Es entsteht eine spiralförmige, rauhe und unebene Oberfläche, auf der alle später eingebundenen Materialien nicht verrutschen können.

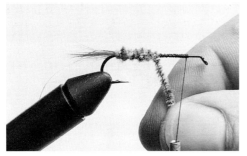

Während der Hauptfaden durch das Gewicht des Spulenhalters vor dem Öhr unter Spannung steht, wickeln Sie die Chenille nach vorn. Legen Sie eine Windung neben die andere (ohne Zwischenraum). Sie können auch ganz dicht wickeln und dadurch den Körper schwerer machen.

Zur Vervollständigung des Körpers wird nun der Rippungsfaden nach vorn geführt. Das geschieht in großen Windungen, wobei die einzelnen Lagen 2 bis 3 mm Abstand haben.
Den Rippungsfaden winden Sie im Uhrzeigersinn, also entgegengesetzt der Chenille.

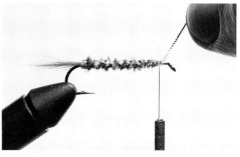

Wenn Sie die Position des Hauptfadens erreicht haben, macht man noch eine halbe Wicklung zusätzlich und überdeckt damit die Wicklung des Hauptfadens. Halten Sie mit der linken Hand die Chenille fest und ergreifen Sie mit der rechten den Spulenhalter.

Überwickeln Sie die letzte Wicklung des Hauptfadens und binden Sie dann mit dem Hauptfaden den Rippungsfaden ein. Da der Rippungsfaden die gleiche Wicklung wie der Hauptfaden hat, müssen fünf bis sechs Windungen gemacht werden. Danach wird der Rippungsfaden abgeschnitten.

Mit nur ein bis zwei Windungen überwickeln Sie die Chenille und schneiden sie ab. Danach lassen Sie den Faden hängen.

Die Barthechel ist das nächste Material, das Sie einbinden wollen. Hierfür werden wiederum einige Haare aus dem Kalbschwanz geschnitten und pro forma angelegt, um die korrekte Länge zu ermitteln. Sie können dabei das Material von oben her halten, indem Sie über den Hakenschenkel greifen.

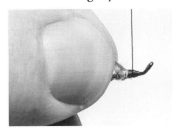

Wenn Ihnen das zu schwierig erscheint, besteht auch die Möglichkeit, den Haken mit dem Schenkel unten einzuspannen. So lassen sich die Barthaare bequem von oben einbinden.

Das letzte noch einzubindende Material ist die Streamerfahne aus Haaren des Eichhörnchenschwanzes. Dazu suchen Sie zunächst eine Partie aus dem Schwanz heraus, deren Haare lang genug sind und die die gewünschte Zeichnung hat. Büschel aus der Wuchsrichtung drücken und abschneiden.

Durch Anhalten ermitteln Sie die korrekte Länge. Die Fahne soll ja hinter dem Öhr unter der Kopfwicklung beginnen und mit dem Schwänzchen abschließen.

Mit dem Büschel haben Sie nicht nur die langen Haare herausgeschnitten, die Sie einbinden wollen, sondern auch ein Unzahl von kurzen. Diese müssen entfernt werden. Dazu fächert man das gesamte Büschel und hält dabei die langen Haare im oberen Drittel fest.

Nun mehrmals mit Daumen und Zeigefinger über die Haare streifen und dabei sämtliche kurzen Haare herausziehen.

Schneiden Sie nun, ähnlich wie beim Schwanzmaterial, das Büschel schräg ab. Vorsicht: Nicht zu schräg abschneiden! Der Kopf des Streamers ist mindestens so lang wie der schräge Schnitt. Ist der Schnitt zu schräg, wird der Kopf zu lang.

Mit einer verdeckten Schlaufe wird jetzt das Büschel eingebunden und so lange umwickelt, bis alle Haare vom Faden überdeckt sind. Durch mehrfaches Winden mit dem Hauptfaden wird der Kopf geformt. Bitte achten Sie unbedingt darauf, daß sich am Ende der Formgebung der Hauptfaden in der Mitte oder weiter hinten befindet, denn das ist wichtig für den folgenden Whip Finish, dessen Windungen ausschließlich nach vorn gelegt werden.

Zum abschließenden Lackieren taucht man eine Dubbingnadel in den Lack, hält sie schräg, bis sich ein Tropfen bildet und läßt diesen auf den Kopf des Streamers gleiten.

Falls der Tropfen Lack nicht gleichmäßig um den Kopf verfließt, verteilt man ihn mit der Dubbingnadel.

Das Herstellen von Augen

Den Whip Finish fertigen Sie wie bereits beschrieben. Um häßliche Fadenstummel zu vermeiden, muß der Hauptfaden vor dem Schneiden geringfügig in Richtung Öhr gezogen werden. Erst dann abschneiden, und zwar ganz kurz. Das Fadenende verschwindet jetzt völlig unter den Wicklungen.

Lackieren Sie den Kopf so häufig, bis die Wicklungen gänzlich von einer Schicht überzogen sind und eine glatte Oberfläche haben. Für diese Arbeiten kann auch ein dickflüssiger Lack, z. B. Nagellack, verwendet werden.

Ein Streamer entsteht 81

Das aufzumalende Auge besteht aus zwei verschieden großen Punkten in Kontrastfarben. Da die Kopfwicklung schwarz ist, wählen Sie zunächst Weiß oder Orange.
Zum Auftragen verwenden Sie einen stumpfen Gegenstand in der Stärke eines Streichholzes. Tauchen Sie ihn in den Lack und tragen einen kleinen Tropfen auf. Das Foto zeigt ein in Lack getauchtes Öhr eines Hakens.

Wenn die Fahne eingebunden ist, binden Sie links und rechts je eine Spitze (Auge) einer Jungle Cock Feder mit der Kopfwicklung ein.

Führen Sie den Faden mit drei bis vier Windungen unter stets abnehmender Fadenspannung in Richtung Auge, bis die Augenfeder dicht am Körper anliegt. Dann den Faden wieder zum Öhr führen und wie gewohnt fortfahren.

Nachdem dieser getrocknet ist, wiederholen Sie diesen Vorgang mit einem dünneren Gegenstand und tragen einen deutlich kleineren Tropfen mittig auf. Dazu wird eine Farbe verwendet, die zur zuvor aufgetragenen in Kontrast steht.

Wenn sich die Haare aufstellen

Eine alternative Möglichkeit der Herstellung von Streameraugen ist die Verwendung von Federn des Jungle Cocks, der Urform des Sonneratshuhnes, das nur in Indien vorkommt und unter Schutz steht. Wer von den raren Beständen in Europa nichts mehr ergattern kann, sollte künstliche Jungle Cock-Federn verwenden. Sie erfüllen Ihren Zweck als Streameraugen hervorragend.

Beim Einbinden von Haaren mit reißfesten Fäden und entsprechend starkem Zug kommt es häufig vor, daß sich die Haare unmittelbar an der letzten Fadenwindung aufstellen und regelrecht nach allen Seiten spreizen. Dieser Effekt ist unerwünscht, weil er die Formgebung eines torpedoähnlichen Fischkörpers nicht zuläßt. In diesen Fällen helfen ein paar zusätzliche Windungen.

*Das Malheur: Der stramm gewundene Faden sorgt dafür, daß die Haare nach allen Seiten abstehen und nicht nach hinten gerichtet zusammenliegen.
Wird mit der gleichen Fadenspannung weitergewickelt, bleiben die Haare unverändert stehen.*

Die einzige Möglichkeit, die Haare gleichmäßig bis in die gewünschte Position zu drücken, besteht darin, mit immer geringer werdendem Fadenzug auf die Haare zu wickeln. Nach zwei Windungen zeigt sich bereits eine Veränderung.

Nach vier bis fünf Windungen liegen die Haare in der gewünschten Position. Füh- ren Sie den Faden wieder in Richtung Öhr und schließen Sie mit dem Whip Finish ab.

Natürlich ist je nach Typ und Muster die Verwendung einer Vielzahl von Materialien für Schwanz, Körper und Fahne möglich.

Soweit das Material in Struktur und Form den in dieser ersten Bildfolge dargestellten Materialien ähnelt, sind auch die Handgriffe die gleichen. Mit anderen Worten: Wer statt des Eichhörnchenhaares das von Waschbär oder Weißwedelhirsch einbinden will, geht nach der gleichen Methode vor wie in der Bildfolge dargestellt. Die dort verarbeiteten Materialien stehen also stellvertretend für eine Vielzahl ähnlichen Materials. In diesem Fall heißt das konkret:
Eichhörnchenhaar für die Fahne = stellvertretend für alle Haare
Chenille für den Körper = stellvertretend für alle wollartigen Fäden
Tinsel für die Rippung = stellvertretend für alle Rippungsfäden
Kalbschwanz für den Schwanz = stellvertretend für alle Haare von Schwänzen.

Dennoch gibt es zahlreiche Variationen, die eine andere Bindeweise und abweichende Handhabung des Materials erfordern, wie das folgende Muster zeigt.

Der Federstreamer

Der Federstreamer ist die traditionelle englische Version des Streamers und hat im Gegensatz zur amerikanischen Variante mit einer Fahne aus Haaren eine solche aus Federn. Es sind überwiegend Hechelfedern aus der Spitze eines Balges oder aus dem Sattel. Der Federstreamer hat in den letzten Jahren an Popularität gegenüber dem Haarstreamer verloren, weil die schmale Fahne zweidimensional ist im Gegensatz zur dreidimensionalen Haarfahne. Ein Blick von unten oder schräg von unten zeigt eindeutig, wie nachteilig die mangelnde Breite des Federstreamers in Erscheinung tritt. Dennoch sind einige Muster aus den Fliegenschachteln nicht wegzudenken.

Ein Streamer entsteht 83

Material:
Schwanz: Fiber einer Hahnenhechel
Körper: Lurex flach, extrabreit
Rippung: Tinsel, rund
Bart: wie Schwanz
Fahne: Hechelfedern (Hahn)
Kopf: Pfaugras

Ergreifen Sie nun mit der linken Hand soviel Fibern wie möglich und entfernen Sie sie vom Kiel, indem Sie sie vorsichtig nach unten reißen.

Der Hauptfaden wird wie gewohnt am Öhr eingebunden und in dichten Windungen bis zum Ende des Hakenschenkels geführt. Dadurch soll erreicht werden, daß der Hakenschenkel etwas dikker wird. Dies ist wünschenswert, weil das Körpermaterial nicht aufträgt.
Von der äußeren Seite eines billigen Balges wird eine breite Hechelfeder entnommen. Diese Feder ist nur für Schwanzmaterial tauglich, weil ihre Fibern zu lang sind.

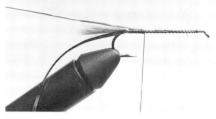

Die Fibern werden nun als Schwänzchen eingebunden. Wenn das Schwänzchen zu mager erscheint, binden Sie ein zweites Büschel Fibern ein. Bitte darauf achten, daß sie die gleiche Länge haben. Am besten verwenden Sie die Fibern auf der gegenüberliegenden Seite der Feder. Danach werden das Lurex und das Tinsel eingebunden.

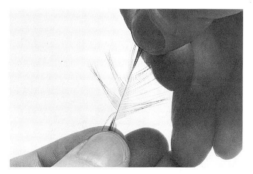

Während eine Hand die Feder an der Spitze hält, streifen Daumen und Zeigefinger der anderen von oben nach unten, so daß die Fibern vom Kiel abstehen. Das Streifen erfolgt unter leichtem Druck und gegebenenfalls mehrmals, bis die Fibern fast senkrecht zum Kiel stehen.

Führen Sie zuerst das flache Lurex nach vorn, danach als Rippung das Tinsel. Für die Barthecheln nehmen Sie Hechelfibern wie für das Schwänzchen und binden diese ein. Den Rest des Hakens bis zum Öhr umwinden Sie jetzt mit dem Hauptfaden. Der Faden bleibt direkt am Öhr hängen.

Für die Fahne muß erst ein geeignetes Federpärchen herausgesucht werden. Da die Fahne nicht zu schlank sein darf, kommen nur Federn aus dem oberen Drittel eines Balges in Frage. Suchen Sie zwei gleichmäßig gewachsene Federn aus.

Beide Federn legen Sie wie gezeigt mit den blanken Kielen auf den rechten Daumen.
Mit dem Nagel des rechten Mittelfingers kerben Sie nun beide Kiele ein, indem Sie sie deutlich spürbar in die Hand des Daumens drücken.

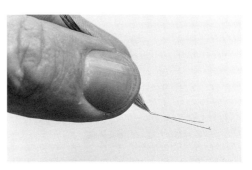

Sie schneiden beide Federn ab, legen sie Innenseite an Innenseite und halten sie über den Haken, um die korrekte Länge zu ermitteln. Genau oberhalb des Kopfes schneiden Sie beide ab.

Das Ergebnis ist ein Knick unmittelbar unterhalb der Fibern.

Entfernen Sie nun oberhalb des Schnittes einige Fibern, bis beide Kiele auf einer Länge von 3-4 mm blank sind.

Die abgeknickten Kiele werden nun bis auf 2 mm beschnitten und anschließend auf die Grundwicklung des Kopfes gehalten. Dazu ergreift man die Federn ganz weit unten, damit eine Verdeckte Schlaufe möglich ist.

Ein Streamer entsteht 85

Die weitere Handhabung ist sehr einfach: Verdeckte Schlaufe legen, zuziehen und Hauptfaden bis zum Knick führen.

Wenn Sie bis hierhin korrekt gearbeitet haben, muß Ihre Fahne über die gesamte Länge senkrecht auf dem Hakenschenkel stehen.

Abschließend werden zwei Pfauenfibern eingebunden, bis zum Knick der Federn und wieder zurück bis zum Öhr geführt und abgeschlossen.

Ein Whip Finish auf engstem Raum schließt die Fliege ab.

Die Verarbeitung extrem flauschigen Materials

Für die Streamerfahne werden sehr gern extrem weiche und flauschige Materialien verwendet, weil der Streamer dadurch im Wasser sehr gut spielt.

Die populärste unter den weichen Federn ist die Maraboufeder, vorzugsweise die kleinere und noch nicht gänzlich entwickelte. Ihre Verarbeitung unterscheidet sich von den bisher eingebundenen Materialien erheblich, wie die Bildfolge unten zeigt.

Der Maraboustreamer

Material:
Faden: Monocord 3/0
Schwanz: rote Haare
Körper: Mylar Tubing über
            Wollkörper
Rippung: –
Bart: rote Haare
Fahne: weiße Maraboufeder
Topping: Pfauenfibern (Pfaugras)
Kopf: Chenille

Um möglichst viel Licht zu reflektieren, damit sich der Streamer selbst verrät, wird der gesamte Hakenschenkel mit einem lurexähnlichen Geflecht überzogen. Da das Einbinden solcher Geflechtschläuche noch nicht besprochen wurde, werden die entsprechenden Handgriffe im Detail dargestellt.

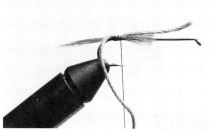

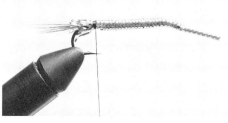

Faden hinten befestigen, Schwanzhaare und einen Wollfaden einbinden. Mit dem Wollfaden soll der Durchmesser des Schenkels vergrößert werden. Die Lagen dienen als Unterfutter für das relativ dicke Mylar Tubing.
Das Verdicken des Schenkels entfällt bei solchen Tubings, die bereits auf Wollfäden aufgezogen sind.

flecht den Faden erreicht hat. Dabei stehen die ausgefransten Geflechtfibern nach hinten allseitig weg.

Nun sind zwei bis drei Windungen auf der Stelle notwendig, bis das Geflecht eingebunden ist. Dann schließen Sie den Faden mit dem Whip Finish ab und lakkieren ihn. Damit ist diese enge Wicklung gesichert.

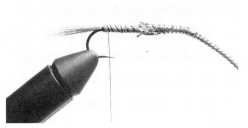

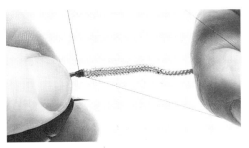

Führen Sie den Hauptfaden nach vorn und wieder zurück zum Schenkelende. Schneiden Sie nun ein Stück Tubing ab. Die Länge beträgt das Eineinhalbfache des Hakens. Diese Überlänge ist erforderlich, weil bei der Verarbeitung die Enden des Geflechts aufgehen. Schieben Sie das Tubing über das Öhr in Richtung Schwanz.

Man kann die ausgefransten Fibern zur Steigerung der Lichtreflexion stehen lassen oder aber abschneiden. Das Abschneiden erfolgt nachträglich mit dem Risiko, daß trotzdem kurze Stümpfe sichtbar bleiben und weder vom Whip Finish noch vom Lack gänzlich überdeckt werden.

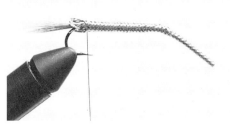

Schieben Sie das Tubing so weit über den Schwanz, bis das nicht ausgefranste Ge-

Fühlen Sie jetzt mit dem rechten Zeigefinger, an welcher Stelle sich das Öhr befin-

det, und schneiden Sie das Geflecht unmittelbar vor dem Öhr ab. Das ist ungefähr die Länge, die zum Überdecken des gesamten Körpers benötigt wird. Falls die Stelle, an der das Tubing abgebunden werden muß, sichtbar ist, entfällt diese Prüfung.

Binden Sie sechs bis acht Fibern der Pfauenfeder als Topping ein. Damit wird der dunkle Rücken, der zum Beispiel für Schneider und Uckeley typisch ist, imitiert. Topping und Fahne haben die gleiche Länge.

Legen Sie nun das Ende des Hauptfadens zwischen die Finger als wollten Sie eine Verdeckte Schlaufe machen. Während das Fadenende festgehalten wird, binden Sie den Faden ein und befestigen mit den einzelnen Windungen gleich das Geflecht auf dem Haken. Wenn das Geflecht sicher eingebunden ist, wird gleich der Bart eingebunden.

Der fertige Streamer, der als White Marabou in die Geschichte des Streamerfischens eingegangen ist.

Streamer dieses Typs haben alle Eigenschaften, die für den Fangerfolg notwendig sind. In der Strömung oder beim Einholen, wenn die Bartfibern näher an den Körper gedrückt werden, besitzt er die Torpedoform eines Fischchens. Das Tubing imitiert die helle Bauchseite des Vorbildes und reflektiert mit jeder Bewegung Licht, um aufzufallen.

Die Fahne reagiert auf jede Turbulenz im Wasser und bewegt sich ständig in waagerechter Richtung. Das Topping schließlich imitiert den dunklen Rücken eines Futterfisches, wobei die im Wasser vibrierenden feinen Härchen des Pfaugrases einen zusätzlichen Reiz ausüben.

Nehmen Sie eine Maraboufeder, befeuchten Sie sie und längen Sie sie ab. Vermeiden Sie ab jetzt, die Feder ohne zwingenden Grund aus der Hand zu legen, obwohl sie durch die Feuchtigkeit zusammenklebt.

Der Hakenbogen ist bei diesem Muster optimal positioniert: weit genug hinten für Nachläufer und ideal für die Großen, die den Streamer von der Seite packen.

Eine Naßfliege entsteht

Die detaillierte Darstellung der einzelnen Bindeschritte erfolgt in der gleichen Ausführlichkeit wie beim Streamer. Soweit sich jedoch Handgriffe wiederholen, wurde auf eine Bebilderung verzichtet und nur noch textlich erläutert.

Die Naßfliege gilt ohne Zweifel als der zum Binden einfachste Fliegentyp. Dieses Kapitel enthält daher auch nur zwei Varianten, um den methodischen Aufbau darzustellen.

Material:
Schwanz: Fibern einer Rupffeder
Körper: Dubbing, konisch
Beschwerung: Kupferdraht
Flügel: Segmente einer Schwungfeder
Bart: wie Schwanz

Jetzt folgt der Dubbing Vorgang. Dazu muß zunächst der Faden gewachst werden, damit er eine klebrige Oberfläche erhält. Sie halten mit der Linken den Spulenhalter und ziehen mit der Rechten das Wachs am Faden entlang. Dabei schneidet sich der Faden in das Wachs ein. Das ist der Beweis dafür, daß das Wachs weich und klebrig genug ist. Ist es zu hart, halten Sie es in der Hand oder über eine Wärmequelle. Wachs aus der Tube hat in der Regel die richtige Festigkeit.

Faden am Schenkelende einbinden und sechs bis acht Fibern einer Rupffeder für den Schwanz einbinden. Anschließend Kupferdraht von hinten bis Hakenmitte legen und einbinden. Faden wieder bis zum Schenkelende führen, wo das Körpermaterial eingebunden werden soll.

Nun ergreifen Sie mit der Linken das Dubbingmaterial, etwa ein beliebiges Fellstück, und zupfen mit Daumen und Zeigefinger der Rechten einige Flusen heraus. Ganz wichtig: Nicht zuviel Material entnehmen! Sonst gibt es größte Schwierigkeiten. Bitte orientieren Sie sich an der Menge, die abgebildet ist.

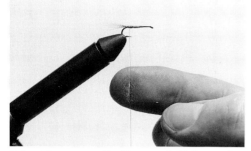

Die Flusen enthalten möglicherweise kurze steife Haare (Grannen), vor allem, wenn Sie Nerz, Nutria oder Biber verwenden. Diese müssen entfernt werden.
Führen Sie nun den Zeigefinger mit den Flusen von hinten an den gewachsten Faden, bis er sich in die Flusen drückt.

Dieser Vorgang wird vier bis fünfmal wiederholt, bis Sie einen gedubbten Faden von etwa 7 cm Länge hergestellt haben. Diese Strecke reicht aus, um den gesamten Fliegenkörper herzustellen.

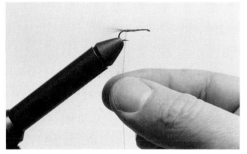

Jetzt den Daumen auf die Vorderseite des Fadens drücken und damit gleichzeitig auf Material und Zeigefinger. Ein leichter Druck ist dabei völlig ausreichend.

Winden Sie den gedubbten Faden nach vorn. Die Häufigkeit der Windungen und die Anzahl der Lagen übereinander bestimmen dabei die Dichte und den Durchmesser des Körpers. Bitte daran denken, daß der Körper vorn dicker sein muß.

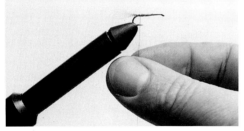

Während der Daumen in seiner Position verharrt, wird der Zeigefinger mit geringem Druck in Richtung Hand bewegt. Dabei die Flusen um den Faden rollen. Bitte Finger wieder öffnen, auf keinen Fall die Flusen in entgegengesetzter Richtung zurückrollen.

Unmittelbar vor der Position, wo die Flügel eingebunden werden sollen, wird der Körper wieder schwächer gewickelt, damit beim Einbinden der Flügel die Fellflusen nicht stören.

Für die Flügel suchen Sie sich nun ein Paar Schwungfedern aus. Achten Sie darauf, daß nicht nur die Länge der Federn gleich ist, sondern auch Länge und Farbe der Fibern.

Führen Sie nun den Faden zwei mal locker um die Basis der Flügel. Damit die Körperwicklung nicht aufgeht, drücken Sie einen der beiden Finger auf die letzte Dubbingwicklung.

Aus der breiten Seite der Federn schneiden Sie nun je eine Fahne von 4 mm Breite. Die Fahnen müssen aus der gleichen Sektion der Feder stammen, damit sie in Struktur und Farbe identisch sind.

Wenn Sie jetzt die Flügel loslassen, werden Sie feststellen, daß sie nicht senkrecht auf dem Haken stehen. Drehen Sie sie einfach in die richtige Position und umwickeln Sie die Basis vollständig.

Beide Segmente legen Sie nun Innenseite an Innenseite und halten sie, an den Spitzen greifend, von unten an den Hakenschenkel. Dabei befinden sich die unteren Partien an den Seiten des Hakens.

Nun den Faden erneut dubben und den Körper bis vor das Öhr wickeln. Dabei werden die Windungen auch hinter den Flügeln vervollständigt. Bitte auf konische Körperform achten.

Eine Naßfliege entsteht 91

Binden Sie nun die Barthechel ein. Wenn Ihnen das mit dem gedubbten Faden nicht gelingt, streifen Sie mit den Fingern das Dubbing nach unten, bis der Faden wieder frei ist.

Da die Fibern nach oben hin länger werden, ist es nicht möglich, sie einfach aus der Feder herauszuschneiden wie im Foto. Da die Spitzen der Fibern beim Flügel auf einer Höhe sein müssen, bedarf es folgenden Tricks:

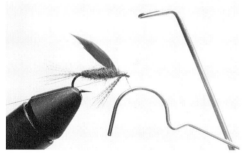

Vervollständigen Sie die Fliege mit einer Kopfwicklung und dem Whip Finish.

Flügel aus Fibern einer Rupffeder

Die Spitzen der Fibern werden zunächst zusammengedrückt und anschließend mit den Fingern der linken Hand festgehalten. Dabei biegen sich die Fibern oder die ganze Feder.

Sind Schwanz und Körper soweit fertiggestellt, daß die Flügel eingebunden werden können, wird eine geeignete Rupffeder ausgesucht. Ihre Fibern sollen lang genug sein und eine deutliche Zeichnung aufweisen.

Erst jetzt schneidet man die Fibern dicht am Kiel ab. Die linke Hand hält dabei die Fibern an den Spitzen weiterhin fest.

Mit der rechten Hand greifen Sie das Fiberbündel und halten es über den Haken, um die korrekte Länge zu ermitteln. Danach wechseln Sie in die linke Hand und schneiden das Büschel in der richtigen Länge ab.

Schließlich wird es mit der Verdeckten Schlaufe eingebunden. Die Barthechel folgt. Zuletzt wird der Kopfknoten gefertigt.

Mit diesen beiden Naßfliegentypen deckt man 90 Prozent aller Naßfliegenmuster ab. Was übrig bleibt, sind solche Muster, die anstelle einer Barthechel einen Hechelkranz aus weichen Fibern aufweisen. Der Hechelkranz als wichtigstes Element einer Trockenfliege wird jedoch erst im übernächsten Kapitel besprochen, auf das hier verwiesen sei.

Eine Nymphe entsteht

In der modernen Fliegenbinderei hat die Nymphe die seit eh und je populäre Trockenfliege schon lange überholt. Das beweist, daß die Binder die Fliegentypen suchen, bei denen sie ihrem Einfallsreichtum freien Lauf lassen können. So verwundert es auch nicht, daß die Muster der realistischen Bindeweise, bei der möglichst naturgetreu nachgebunden wird, hauptsächlich Nymphen sind.

Zum Nachbinden bevorzugt werden stets die größeren Larven, also Maifliege, große Steinfliege und natürlich große Köcherfliegen. Bei den realistischen Kopien dieser Larven wird aber häufig übertrieben. Knoten in Beinen, Darstellungen von Augen, filigrane Fibern für Fühler und dergleichen sind mehr für den Fischer gedacht als für den Fisch. Dennoch: Larven zu beobachten, das Beobachtete umzusetzen und eine ganz eigene persönliche Note in das Imitat zu integrieren, ist das nicht eine Herausforderung ohnegleichen?

Doch vor den realistischen Mustern stehen die Standardnymphen mit ihren verschiedenen Bindemethoden. Jene Muster also, die auch in überfischten Gewässern erfolgreich sind, die zum Teil alles und nichts imitieren und Biß auf Biß aushalten, ohne daß sie sich in ihre Einzelteile auflösen.

Das Schwierigste beim Nymphenbinden sind die Proportionen. Bitte kontrollieren Sie diese nach jedem Handgriff.

Material:
Haken: Gr. 12, Sproat
Schwanz: Fasanenstoßfibern
Körper: Floss
Rippung: Golddraht
Flügelscheiden: Truthahnfibern
Thorax: Golddraht
Bart: Rebhuhn

Binden Sie den Faden am Schenkelende ein. Für den Schwanz werden drei Fibern

einer Stoßfeder des Fasanenhahnes ausgesucht, abgelängt und eingebunden. Desgleichen Rippungsfaden und Körperfaden. Danach führen Sie den Faden fast bis zum Öhr.

Das Floss winden Sie nun nach vorn bis über die Schenkelmitte steigend (dicker werdend), danach abfallend. Der steigende Teil ist der später sichtbare Körper Das Floss wird jetzt abgebunden.

Führen Sie den Faden bis zur Körpermitte. Für die Flügelscheiden werden je nach Breite und Stärke drei bis fünf Fibern einer Truthahnfeder entnommen und an ihrem dicken Ende so eingebunden, daß sie nach hinten wegstehen. Der Faden wird anschließend nach vorn bis zum Öhr geführt.

Binden Sie nun den Golddraht ein und formen Sie den Thorax. Dieser ist minde-

stens so dick wie der Körper. Wenn der Thorax geformt ist, schließen Sie den Golddraht ab. Ergreifen Sie die Truthahnfibern mit der rechten Hand und ziehen sie nach vorn. Noch einmal die Proportionen überprüfen. Die Flügelscheiden überdecken 2/5 des Hakenschenkels.

Mit der linken Hand drücken Sie jetzt die Flügelscheiden auf den Thorax und binden Sie ab.

Mit dem Whip Finish wird der Bindevorgang beendet. Der Überstand wird abgeschnitten.

Dieses Muster ist eine von vielen Standardnymphen. Das besondere ist lediglich, daß der Rippungsdraht gleichzeitig für den Thorax verwendet wird. Besteht der Thorax aus einem anderen Material, ist der Rippungsfaden abzuschließen und der Faden für den Thorax neu einzubinden.

Die Fliegenbinder gehen verstärkt dazu über, ihre Nymphen mit Beinchen zu versehen. Dafür gibt es verschiedene Techniken, die auf den folgenden Seiten beschrieben sind. Da die Bindetechnik für Körper, Rippung, Thorax und Flügelscheiden unverändert ist, wird sie übergangen.

Beinchen aus einer Rupffeder, gewunden

Ausgangspunkt ist eine halbfertige Nymphe, bei der Schwanz, Körper und Thorax fertiggestellt sind und das Material für die Flügelscheiden eingebunden ist. Suchen Sie aus Ihrem Vorrat eine Rebhuhnfeder aus, deren Fibern etwa 3/4 so lang sind wie der Hakenschenkel. Streifen Sie die Fibern nach unten, so daß sie senkrecht stehen. Lassen Sie vier bis fünf Millimeter Fibern auf jeder Seite stehen und entfernen Sie alle übrigen. Die Spitze bleibt unversehrt.

Ergreifen Sie mit der Hechelklemme den nicht eingebundenen Teil des Kiels und winden Sie ihn um den Hakenschenkel. Dabei müssen sich die Fibern annähernd senkrecht stellen. Winden Sie in Richtung Öhr, wo sich der Hauptfaden befindet.

Stehen genügend Fibern vom Haken ab, winden Sie nicht mehr weiter, sondern binden den Kiel ab.

Legen Sie die Federspitze auf den Thorax und binden Sie sie dicht am Öhr ein. Den Überstand der Feder abschneiden.

Ergreifen Sie nun mit der linken Hand die Fibern und drücken Sie sie nach unten. Dabei machen Sie noch ein bis zwei Windungen mit dem Hauptfaden, um diese Position der Fibern zu sichern.

Eine Nymphe entsteht 95

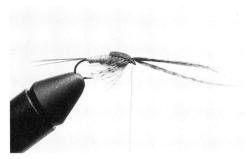

Jetzt erst legen Sie die Flügelscheiden nach vorn und binden sie ab.

Binden Sie nun die Spitze der Feder so auf dem Thorax ein, daß der blanke Kiel nach hinten ragt. Die eingebundene Spitze zeigt nach vorn.

Nach dem Whip Finish die Fibern nicht zu kurz abschneiden.

Beinchen aus einer Rupffeder, flach gelegt

Es ist wichtig, daß die Fibern der Rupffeder genau an der Stelle plaziert sind, wo das Material für die Flügelscheiden aus der Körperwicklung hervortritt.

Ausgangsposition sind die eingebundenen Fibern für die Flügelscheiden. Neben den Beinchen fehlt auch der Thorax. Auch hier wieder eine Rupffeder vorbereiten, indem die Fibern nach unten gestreift werden. Auf jeder Seite der Feder bleiben so viel Fibern stehen, wie der Thorax lang ist.

Jetzt dubben Sie den Faden für den Thorax und formen diesen. Danach wird er abgebunden und abgeschnitten.

Wenn der Thorax geformt ist, muß die Rupffeder an der gleichen Stelle wie das Material der Flügelscheiden aus der Wicklung heraustreten.

Wenn Sie korrekt gearbeitet haben, bedecken die Fibern die gesamte Oberseite des Thorax. Der Überstand wird abgeschnitten.

Für die Herstellung der Beine muß jetzt nur noch die Feder nach vorn über den Thorax gelegt werden. Beim Halten der Feder werden die Proportionen der Fibern geprüft. Fibern, die sich über dem Öhr befinden, werden abgeschnitten.

Binden Sie die Flügelscheiden direkt am Öhr ein. Die Flügelscheiden sollen möglichst breit sein und den Thorax an den Seiten oben etwas überdecken. Dadurch bekommen die Fibern der Rupffeder gleich die korrekte Position.

Halten Sie nun mit dem linken Zeigefinger oder Daumen und Zeigefinger die Feder fest und binden Sie sie vor dem Öhr ein.

Abschließend binden Sie die Flügelscheiden am Kopf ab; dabei können Sie ein „Häubchen" stehenlassen. Die Fliege wird mit dem Whip Finish beendet.

Die beiden beschriebenen Methoden haben einen Nachteil, der allerdings nicht zu sehr ins Gewicht fällt: Die Beinchen sind nicht genau an der Stelle plaziert wie beim natürlichen Vorbild. Da befinden sie sich nämlich weder vorn am Kopf noch über dem Thorax, sondern an den Seiten des Thorax.

Für eine derartige Plazierung gibt es natürlich auch eine Bindetechnik:

Beinchen im Thorax eingebunden

Mit den Fingern der linken Hand halten Sie die Feder fest und vervollständigen den Thorax. Dabei werden ein Stück des Kieles und die Fibern eingebunden.

Zuerst werden Körper und 3/4 des Thorax hergestellt. Für die Flügelscheiden werden Fibern eingebunden.
Die unteren Fibern einer Rupffeder abstreifen und die Spitze herausschneiden. Links und rechts des Kieles bleiben sechs bis zehn Fibern stehen.

Abschließend Flügelscheiden herstellen und den Vorgang mit dem Whip Finisher beenden.

Neben den Standardnymphen, bei denen sich die bereits beschriebenen Arbeitsgänge stets wiederholen, sind vor allem die großen Exemplare der Steinfliegenlarve bei den Bindern beliebt. Die beachtlichen Körpermaße dieser Nymphen verlangen die Verwendung relativ großer und langschenkliger Haken, etwa Gr. 8-10, 3 x lang. Solche Haken gestatten das Binden von Details wie extrastarke Schwanzborsten, zwei- oder dreiteilige Flügelscheiden und Fühler.

Die Steinfliegennymphe

Die Feder wird nun auf den halbfertigen Thorax gelegt. Die Fibern als Imitation der Beine sollen nach unten und hinten ragen. Ihre Spitzen reichen bis zur Hakenmitte.

Material:
Haken:	Gr. 10, 3 x lang
Schwanz:	Biots (Federgrannen)
Körper:	braune Wolle
Rippung:	gelbes Floss

Thorax:	braunes Dubbing
Flügelscheiden:	Schwungfedersegmente
Beine:	Biots
Fühler:	Kiele der Hechelfeder

Da Steinfliegen solcher Größe ausschließlich am Grund anzutreffen sind und sich abgedriftete Nymhen immer in Grundnähe befinden, sind diese Großnymphen ausnahmslos zu beschweren, damit sie tief gefischt werden können.

Wegen des relativ langen Hakenschenkels und der etwas abgeplatteten Körperform bietet sich für die Beschwerung die Montage starkdrahtigen Bleies an den Schenkelseiten an. Diese ungewöhnliche Anbringung ist detailliert beschrieben.

Bleistücke nicht verrutschen. Umwickeln Sie das Blei so häufig, bis es sicher am Haken anliegt.

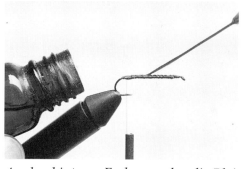

Unterbrechen Sie den Wickelvorgang, falls erforderlich, und richten Sie die Bleistücke.

Zwei Stücke Bleidraht von der Stärke des Hakendrahtes (Länge 4/5 des Schenkels) von der Spule schneiden und links und rechts an den Hakenschenkel halten.

An den hinteren Enden werden die Bleistücke schräg abgeschnitten, damit beim Wickeln ein Übergang zum Haken entsteht. Danach wird die gesamte Wicklung mehrmals lackiert.

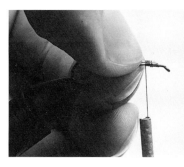

Faden vorn einbinden. Blei von hinten bis zum Faden festhalten und gleichzeitig die vordere Hälfte der Bleistücke fest an den Hakenschenkel wickeln. Beim Wickeln müssen Sie aufpassen, daß die

Während der Lack trocknet, schneiden Sie aus der Wetterseite einer Schwungfeder zwei Grannen (Biots) heraus und spitzen sie durch einen schrägen Schnitt zu.

Eine Nymphe entsteht **99**

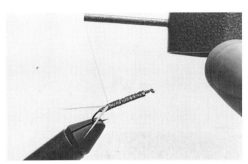

Danach legen Sie zuerst eine Granne auf das Ende der Bleie und binden sie mit einer, höchstens zwei Windungen ein. Korrigieren Sie nun den Winkel zum Hakenschenkel.
Mit der zweiten Granne verfahren Sie genauso: Einbinden und korrigieren. Dann werden beide endgültig festgebunden.

Binden Sie jetzt den Rippungsfaden und den Wollfaden für den Körper ein. Wikkeln Sie aber erst weiter, wenn die Lackschicht auf dem Blei völlig trocken ist. Sie riskieren sonst Farbveränderungen des Wollfadens. Danach den Hauptfaden vor das Blei führen, dann den Körperfaden und schließlich den Rippungsfaden. Körper- und Rippungsfaden werden abgeschlossen und die Überstände abgeschnitten.

Zum Einbinden der Flügelscheiden wird der Hauptfaden zur Mitte des Hakenschenkels geführt. Entnehmen Sie einer Schwungfeder ein langes, ca. 4 mm breites Segment und binden Sie dieses mit ein bis zwei Windungen so ein, daß der Hauptfaden das Segment in der Mitte hält.

Dubben Sie nun den Faden für den Thorax und umwickeln Sie 1/3 des vorderen Hakenschenkels. Dann drücken Sie beide Segmenthälften nach vorn und binden sie ab.

Formen Sie den Thorax weiter bis über die Hälfte hinaus und bestreichen Sie eine Rupffeder mit Lack. Nach dem Trocknen wird ein Profil geschnitten.

Das Profil binden Sie als weitere Flügelplatte auf den Thorax ein und schneiden den Überstand ab.

*Dann binden Sie eine weitere Flügelplatte ein. Diese sollte jedoch etwas breiter sein.
Entfernen Sie den Überstand und schließen Sie die Fliege ab.*

*Jetzt den Thorax vervollständigen und den Rest des Federsegmentes einbinden. Mit zusätzlichen Windungen den Thorax und das letzte Federsegment sichern.
Die Flügelplatten, hier zum besseren Erkennen angehoben, bewirken eine deutliche Betonung des Thorax.
Das Anbringen von Beinen kann nach den bereits beschriebenen Methoden erfolgen.*

Die Köcherfliegennymphe

Die Larven der Köcherfliegen unterscheiden sich in Körperaufbau und Materialanordnung erheblich von allen anderen Larven: Die zum Zwecke des Schlupfes aufsteigenden, verpuppten Larven haben einen deutlich gekrümmten Körper, der einen ebensolchen Haken erfordert. Flügelscheiden entfallen gänzlich, da die voll entwickelten Flügel an den Körperseiten anliegen.

Ein weiteres ausgeprägtes Merkmal sind die körperlangen, nach hinten gerichteten Fühler.

Material:
Haken: gebogener Madenhaken (Grub Hook)
Kopf: Dubbing
Körper: Furry Foam
Flügel: Rupffedern
Fühler: Fibern einer großen Rupffeder

Aus einem Stück Furry Foam (oder anderen Materialien) wird zuerst ein konischer Streifen von 1 bis 2 mm Breite herausgeschnitten und an dem einzubindenden Ende zugespitzt. Das Zuspitzen ist notwendig, damit der Fliegenkörper konisch geformt werden kann.

*Jetzt erst den Hauptfaden dort einbinden, wo der Hakenschenkel in den Bogen übergeht. Faden senkrecht zum Hakenschenkel halten. Auf keinen Fall den Faden hängen lassen. Er würde abrutschen, weil der Hakenschenkel zu steil ist.
Faden weiterhin per Hand unter Spannung halten und den Streifen Furry Foam mit der äußersten Spitze einbinden.*

Eine Nymphe entsteht **101**

Faden nach vorn führen und hängen lassen. Jetzt wird das Körpermaterial in Richtung Öhr geführt und eingebunden.

Mit den langen Fibern nach unten werden die Federn zur Imitation der Flügel an je einer Seite eingebunden. Die Flügel ragen bis über die Körpermitte.

Wenn das Körpermaterial abgebunden ist, nehmen Sie zwei kleine Rupffedern und streifen die unteren Fibern ab.

Zwei Fibern einer Rupffeder sollen die langen Fühler darstellen.

Schneiden Sie ein Profil wie dargestellt.

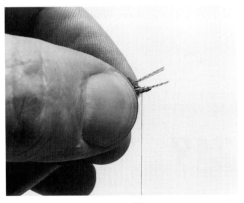

Die Fibern dicht am Öhr einbinden. Sie können leicht aufwärts gerichtet sein oder horizontal eingebunden werden.

Dubben Sie nun den Faden, um den Kopf zu formen. Beim Wickeln des Kopfes kann die Stellung der Fühler und Flügel geringfügig korrigiert werden.

Den Whip Finish können Sie mit dem gedubbten Faden machen, da der Kopf buschig sein darf.

Eine Trockenfliege entsteht

In den Kapiteln über Streamer und Nymphe ist Ihnen überaus deutlich aufgefallen, daß mit der Verwendung bestimmter Materialien und ihrer gezielten Anbringung das natürliche Vorbild nachgeahmt wurde. Dieses Ziel verfolgt der Trockenfliegenbinder natürlich auch. Seine Kreationen gehen aber aus vielen Gründen zum Teil meilenweit an der Realität vorbei. Bestes Beispiel sind die Beine der flugfertigen Fliegen, die mit einem Hechelrad imitiert werden sollen. Oder die Flügel in ihrer ausgeprägten asymmetrischen Form, die man mit Federspitzen nachzuahmen versucht.

Wer eine Kunstfliege mit einem natürlichen Insekt vergleicht, erkennt sehr schnell, daß eine realistische Bindeweise mit dem Ziel, möglichst naturgetreu zu imitieren, bei der Trockenfliege kaum möglich ist. Der Binder muß sich also auf das Nötigste beschränken: auf Farbe und Größe.

Daß diese beiden Kriterien ausreichen, beweisen die Fangerfolge. Damit sollte man auch jede Diskussion um den Imitationswert beenden und sich auf die Merkmale konzentrieren, die für den Einsatz am Fischwasser von größerer Bedeutung sind.

Da ist zunächst die Schwimmfähigkeit, deren Erlangung besondere Sorgfalt bei der Auswahl der Materialien erfordert. Der Haken muß möglichst leicht und damit dünnerdrahtig und alle übrigen Materialien sollen möglichst schwimmfähig sein. Materialien, die bei Streamer, Naßfliege und Nymphe geradezu wahllos verarbeitet werden, bedürfen nun einer besonderen Würdigung.

Weiches Material mit poröser Oberfläche, die allzu schnell Wasser aufnimmt, darf fortan nicht mehr verwendet werden. Das gleiche gilt für saugfähige Fäden und sonstiges Material, das spezifisch schwerer ist als Wasser, starke Drähte zum Rippen, Klebstoffe zum Sichern von Materialien und Kunststoffe für die Herstellung von Körpern.

Natürlich wird eine Trockenfliege nicht nur von den eingebundenen Materialien über Wasser gehalten. Es ist im Wesentlichen die gesamte Konstruktion mit ihrer relativ breiten Auflagefläche, die durch die Oberflächenspannung vor dem Absinken bewahrt wird.

Der Trockenfliegenbinder muß also beides im Auge behalten: Die Verwendung schwimmfähiger Materialien und die Einhaltung der Proportionen, damit die Auflagepunkte gleichmäßig verteilt sind.

Ein weiteres wichtiges Kriterium ist die Haltbarkeit. Nichts ärgert mehr als eine mühevoll gebundene Fliege, die weder ein paar Leerwürfe noch einen Biß überlebt. Deshalb ist der Abschlußknoten mit ganz besonderer Sorgfalt herzustellen. Erfahrungsgemäß ist er eine der Hauptursachen dafür, daß sich die Fliege in ihre Einzelteile auflöst.

Die Robustheit Ihrer Trockenfliege können Sie sehr stark beeinflussen, weil sie hauptsächlich von der korrekten Handhabung der Materialien abhängt. Deshalb sei Ihnen nochmals nahegelegt, ganz streng nach den Anleitungen des folgenden Kapitels vorzugehen. Sie können sicher sein, daß danach gebundene Fliegen unzerstörbar sind. Das gilt freilich nicht für filigrane Einzelteile wie Federspitzen für Flügel oder Einzelhaare für Schwänzchen.

Das relativ schwierige Anbringen von Flügeln und Hechelrad sollte nicht während des Bindens einer kompletten Fliege erlernt werden, da der Haken auch mit anderen Materialien bestückt ist und für die ersten Versuche zu wenig Platz vorhanden ist. Diese Arbeiten werden daher vorgezogen und separat behandelt. Das gibt Gelegenheit, im Vorfeld der eigentlichen Fliegenherstellung etwas Routine zu erlangen.

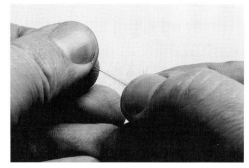

Zur Kontrolle streifen Sie einige Fibern nach unten und halten sie an den Hakenschenkel. Die Länge der Fibern entspricht der Schenkellänge.

Streifen Sie die flaumbehafteten (wassersaugenden) Fibern im unteren Bereich der Feder ab. Schneiden sie nun soviel vom blanken Kiel ab, daß nur noch 3 mm stehenbleiben.

Das Anwinden der Hechelfeder

Entnehmen Sie dem Hahnenbalg eine Feder, die zur Hakengröße paßt. Prägen Sie sich die Stelle ein, von der die Feder stammt, damit Sie ein Gefühl dafür bekommen, wo bei einem Balg welche Feder in welcher Größe zu finden ist.

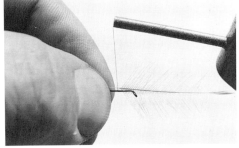

Legen Sie den Kiel so auf den Hakenschenkel, daß zwischen ihm und dem Öhr ca. 3 mm Platz sind. Umwinden Sie den gesamten Kiel und führen Sie anschließend den Faden nach vorn bis zum Öhr.

Jetzt ergreifen Sie die gesamte Spitze der Feder mit der Hechelklemme und beginnen den Schenkel gegen den Uhrzeigersinn zu umwickeln.

Nach dieser einen Wicklung schneiden Sie die Feder so dicht wie möglich am Hauptfaden ab. Versehentlich eingebundene Fibern werden ebenfalls abgeschnitten.

Legen Sie nun jede Lage dicht neben die vorherige. Insgesamt sind etwa fünf Lagen erforderlich.

Wickeln Sie nun weiter und formen Sie einen kleinen Kopf, der mit dem Whip Finish beendet wird.
Bei einer sauber gewundenen Hechel stehen die Fibern fast senkrecht. Aus der Kopfwicklung dürfen keine Haare nach vorn ragen.

Überwickeln Sie nun mit dem Hauptfaden den Kiel der Feder. Dabei müssen Sie darauf achten, möglichst keine Fibern so einzubinden, daß diese nach vorn über das Öhr hinausstehen.

Sie können jetzt spaßeshalber einmal die Robustheit dieses Hechelrades überprüfen, indem Sie versuchen, es mit bloßen Händen zu zerstören. Es wird Ihnen nicht gelingen.

Weil diese sehr einfache Methode zu überaus befriedigenden Ergebnissen führt, bleiben weitere Maßnahmen zur Sicherung der Hechel, etwa das Hineinwickeln in den Hechelkranz mit dem Hauptfaden, unberücksichtigt. Vergessen Sie bitte diesen Unsinn, der bedauerlicherweise im deutschsprachigen Raum viel zu häufig praktiziert und gelegentlich in der Literatur empfohlen wird.

Die Flügel

In Betracht kommen grundsätzlich drei Arten von Flügeln: die Spitzen von Hechelfedern, Fiberbüschel einer Rupffeder und kleine Rupffedern. Da die Handhabung des Materials jeweils verschieden ist, werden alle drei Möglichkeiten getrennt behandelt. Federsegmente als vierte Möglichkeit wurden bereits bei der Naßfliege verarbeitet und entsprechend erläutert, Haare werden wie Fiberbüschel behandelt.

Die Hechelspitzen:

Binden Sie Ihren Hauptfaden immer dort ein, wo das Flügelpaar später stehen soll. Das ist normalerweise bei einem Haken der Gr. 12 etwa 2 mm vor dem Öhr. Schneiden Sie nun die Spitzen von zwei in Form und Farbe gleichen Hechelfedern aus dem Balg.

Beide Spitzen werden deckungsgleich aufeinandergelegt und mit Daumen und Zeigefinger der linken Hand gehalten. Dabei überdecken die Finger den Bereich der Federn, der für die Flügel benötigt wird.

Die durch die Finger nicht verdeckten Fibern werden zuerst gegen die Wuchsrichtung gestreift, dann reißt man sie ab. Dabei dürfen die Kiele nicht beschädigt werden.

Wenn die Kiele blank sind, halten Sie die Hechelspitzen an den Haken, um die Länge zu kontrollieren. Sind sie länger als der gesamte Haken, müssen Sie noch weitere Fibern an beiden Seiten des Kieles entfernen. Dazu ergreifen Sie wieder die Spitzen von oben und streifen die überzähligen Fibern ab.

Legen Sie jetzt die Spitzen so, daß die Glanzseite nach unten schaut. Dabei liegen sie deckungsgleich übereinander.

Mit der linken Hand werden die Hechelspitzen auf den Hakenschenkel gelegt, und zwar so, daß sie über das Öhr hinaus-

ragen. Der blanke Kiel beider Federn befindet sich genau über dem Hauptfaden. Binden Sie nun mit einer verdeckten Schlaufe beide Spitzen ein, machen Sie jedoch nicht mehr als zwei bis drei Windungen.

Sie können jetzt loslassen, denn die Flügel sind arretiert. Schneiden Sie die Kiele hinter den Wicklungen ab.

Ergreifen Sie zunächst einen Flügel und drücken Sie ihn zur Seite. Verfahren Sie mit dem anderen dann genauso. Dadurch haben Sie vorübergehend eine offene V-Stellung, die Ihnen die Kreuzwicklung erleichtert.

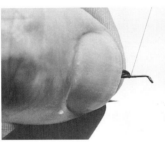

Umwickeln Sie den Hakenschenkel unmittelbar an der Basis der Flügel zweimal. Jetzt müßten die Flügel senkrecht stehen bleiben. Tun sie es nicht, umwikkeln Sie den Schenkel noch einmal.

Die Flügel stehen jetzt zwar senkrecht, aber zu dicht zusammen. Es soll eine V-förmige Stellung erreicht werden. Deshalb ist es notwendig, den Faden kreuzweise durch die Flügel zu legen.

Gelingt die Kreuzwicklung nicht, weil sich die Flügel wieder schließen, können Sie auch denjenigen Flügel, gegen den Sie den Faden legen, mit den Fingern an der äußersten Spitze festhalten.

Eine Trockenfliege entsteht 107

Gehen Sie mit dem Faden hinter die Flügel und lassen Sie ihn hängen. Die Flügel stehen jetzt in einer V-förmigen Position senkrecht auf dem Hakenschenkel.

Grundsätzlich bestimmen die Stärke des Bindefadens und die Häufigkeit der Kreuzwicklungen den Winkel der Flügel zueinander. Wenn Sie mit den Kreuzwicklungen immer weiter fortfahren, wird die Spent-Stellung, bei der die Flügel horizontal stehen, erreicht.

Fibern einer Rupffeder:

Faden einbinden und die Fiberspitzen einer Rupffeder zusammenlegen. Das ist ganz wichtig, sonst bekommen Sie unten am Haken dicke und in den Spitzen sehr dünne und ungleichmäßige Flügel.

Je nach Wuchs der Rupffeder kann es vor-

kommen, daß Sie die Feder völlig verbiegen müssen, um die Spitzen anzugleichen. Vor dem Schneiden halten Sie die angeglichenen Fiberspitzen fest.

Jetzt erst erfolgt der Schnitt. Schneiden Sie die Fibern in Überlänge ab. Das erleichtert das ganze Handling.

Jetzt müssen Sie die Fibern mit der linken Hand so greifen, daß Sie sie die Hechelspitzen auf den Haken auflegen können. Dabei bedienen Sie sich der Methode, die im Kapitel „Umdrehen von Haaren" beschrieben ist.

Sind die Fibern abgelängt, legen Sie sie auf den Haken und binden sie mit der Verdeckten Schlaufe ein. Machen Sie zusätzlich noch drei bis vier Windungen in Richtung Hakenbogen. Dann lassen Sie den Faden hängen.

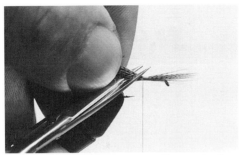

Den nach hinten ragenden Überschuß an Fibern schneiden Sie dann schräg ab. Der schräge Schnitt ist deshalb sinnvoll, weil er „Treppen" auf dem Körper verhindert und die Herstellung eines konischen Leibes ermöglicht.

Winden Sie jetzt den Faden wieder zur Flügelbasis, richten Sie die Flügel auf und wickeln Sie den Hauptfaden solange vom Öhr her gesehen gegen die Basis, bis das gesamte Fiberbüschel senkrecht auf dem Schenkel steht.

Nun teilen Sie das Fiberbüschel mit einer Dubbingnadel, indem Sie diese parallel zum Haken auf die Flügelbasis drücken. Bitte vergewissern Sie sich, daß die beiden Hälften gleich sind. Mit einem Blick von vorn gelingt das am besten.

Zwischen die beiden Hälften legen Sie nun wieder eine Kreuzwicklung. Ist das Büschel nicht deutlich in gleichmäßige Hälften geteilt, legen Sie eine zweite, dritte oder sogar vierte Kreuzwicklung zwischen die Fibern.

Kleine Rupffedern (Fan-Wing): Diese Art von Flügeln ist besonders für große Eintagsfliegen beliebt. Sie können nach der gleichen Methode verfahren wie bisher beschrieben; wegen der manchmal unflexiblen Kiele ist die folgende Methode jedoch besser geeignet. Man könnte sie als „Seitenanwindetechnik" bezeichnen, weil die Kiele an den Seiten des Schenkels angewunden werden.

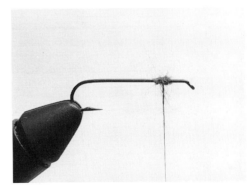

Faden einbinden und ein Polster aus Dubbingmaterial schaffen. Das ist ganz wichtig, weil die Federn einen ovalen Kiel haben und mit der kurzen Seite des Ovals am Hakenschenkel befestigt werden müssen.

und dann diagonal zurück. Machen Sie insgesamt drei Windungen.

Suchen Sie sich jetzt ein Flügelpaar aus. Die Rupffedern müssen sehr klein und in Form, Größe, Farbe sowie Stärke und Verlauf des Kieles identisch sein. Ungleichmäßig gekrümmte Kiele sind völlig unbrauchbar.

Befreien Sie den Kiel von unten her soweit von den Fibern, bis nur noch der Flügel übrig ist. Mit der zweiten Feder machen Sie es genauso. Bitte Proportion beachten. Das erfordert bei den stark gebogenen Rupffedern etwas mehr Sorgfalt.

Führen Sie nun den Faden in der entgegengesetzten Richtung diagonal dreimal um den Kiel und den Hakenschenkel. Der Faden wird dabei von rechts unten nach links oben und zurück geführt.

Jetzt ergreifen Sie einen Flügel von oben und halten ihn so an den Haken, daß er anliegt. Der Faden befindet sich unmittelbar hinter dem Kiel. Führen Sie ihn schräg über den Kiel nach rechts oben

Jetzt muß der Flügel senkrecht zum Schenkel stehen. Ist das nicht der Fall, hilft eine zusätzliche Windung. Anschließend wird der überstehende Kiel dicht am Dubbing abgeschnitten.

Verfahren Sie mit dem zweiten Flügel genauso. Zur Kontrolle drehen Sie den Bindestock so, daß Sie die Flügelstellung von vorn sehen und beurteilen können. Die Flügel müssen symmetrisch auf dem Haken stehen, andernfalls wird Ihre Fliege das Vorfach verdrallen.

Wenn Sie Routine erlangt haben, können Sie auch beide Flügel gleichzeitig einbinden. Das hat den Vorteil, daß Sie mit weniger Fadenwindungen auskommen.

Der Aufbau einer Trockenfliege

Material:
Körper: Pfaukiel
Rippung: feiner Golddraht
Schwanz: Hechelfibern
Flügel: Fibern einer Rupffeder

Flügel einbinden und teilen, wie bereits beschrieben, und Faden etwa 1 bis 2 mm dahinter hängen lassen. Suchen Sie eine zur Hakengröße passende Hechelfeder aus und streifen Sie die unteren, flaumbehafteten Fibern ab.

Die Hechelfeder wird zwischen die Flügel gelegt und der blanke Kiel eingebunden. Auf halber Strecke zum Hakenbogen muß der Kiel schräg abgeschnitten werden. Mit einigen wenigen Zusatzwicklungen schafft man einen gleichmäßigen Übergang vom Kiel zum Hakenschenkel.

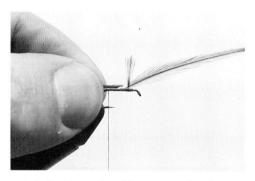

Wickeln Sie weiter bis zum Hakenbogen. Die Fibern für den Schwanz entnehmen Sie den Seitenfedern eines Hahnenbalges. Bitte ablängen und einbinden. Der Schnitt des Fiberbüschels erfolgt so wie abgebildet: schräg und bis vor die Flügel reichend.

Wichtig: Mit dem schrägen Schnitt der Schwanzfibern und dem eingebundenen Kiel sind erstklassige Voraussetzungen für einen konischen Fliegenleib geschaffen. Das ist vor allem deswegen wichtig, weil der Pfauenkiel für den Körper kaum aufträgt und nicht übereinander gewunden werden darf. Bei derartigen dünnen Körpermaterialien muß immer für einen gleichmäßigen Unterbau gesorgt werden. Wenn sie das nicht tun, laufen Sie Gefahr, daß Sie Knubbel und Treppen produzieren, die Sie mit einem feinen Kiel nicht überdecken können.

Das Plazieren der Hechelfeder für den Hechelkranz zwischen die Flügel ist bei den europäischen Fliegenbindern nicht sehr gebräuchlich. Sie halten vielmehr an der alten englischen Schule fest und binden die Hechel nach Fertigstellung des Körpers ein. Diese Methode hat allerdings den Nachteil, daß der eingebundene, relativ kurze Kiel stets zu einer knubbeligen Wicklung führt, was besonders bei starken und steifen Kielen das Winden der Hechel stört. Zudem sitzt der Kiel bei weitem nicht so fest auf dem Hakenschenkel wie bei der durch die Flügel gelegten Hechel.

Der entscheidende Vorteil der durch die Flügel gelegten Hechel liegt allerdings in der Formgebung des Körpers. Die konische Form des Leibes wird hier durch das sowieso einzubindende Material perfekt vorgegeben. Daß dieses obendrein noch schwimmfähig ist, kann gar nicht überbewertet werden.

Für den Körper binden Sie jetzt einen blanken, von allen Fibern befreiten Pfauenkiel und den Rippungsfaden ein. Der Rippungsdraht sollte extrem dünn sein, damit er die Schwimmfähigkeit der Fliege möglichst wenig beeinträchtigt.

Empfindliche Materialien wie Pfauenkiele oder weiche Haare, etwa Moose Mane, sollten immer mit einem Rippungsfaden überdeckt sein. Ein solcher Faden dient an einer Trockenfliege weniger einem optischen Effekt als vielmehr einem Schutz der empfindlichen Körperwicklung. Es ist Ihnen natürlich freigestellt, anstelle eines feinen Metallfadens einen anderen robusten und schwimmfähigen Faden zu verwenden.

Jetzt führen Sie erst einmal den Faden bis vor die Flügel und dann den Kiel nach vorn. Dabei winden Sie so eng, daß sich der Kiel bei jeder Windung überlappt. Das heißt: Die jeweils letzte Windung überdeckt die vorherige etwa um ein Drittel.

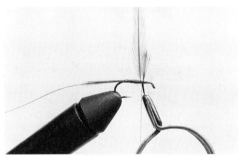

Der Kiel wird bis zu den Flügeln gewunden und dann abgeschlossen.

Danach wird der Körper gerippt und der Rippungsfaden abgeschlossen. Er befindet sich jetzt etwa 1 mm vor dem Öhr.

Hier taucht gleich eine neue Frage auf. Wird das Körpermaterial bis vor das Öhr, also unter den Flügeln hindurch nach vorn gewunden oder schließt man es bereits vor den Flügeln ab? Beides ist möglich. Im Bereich der Flügel und vor dem Öhr wird ja der Körper vom Hechelkranz überdeckt. Sie können sich also diese Vervollständigung des Körpers bis zum Öhr schenken. Auf der anderen Seite wird mit dem Körpermaterial immer ein schwimmfähiges Material eingebunden. Das sollte nicht unterschätzt werden. Und es gibt noch einen Grund, bis zum Öhr zu wickeln: Es wird vermieden, daß der Körper vor und hinter den Flügeln verschiedene Durchmesser hat. Das kann je nach Material entscheidend für die Gleichmäßigkeit des Hechelkranzes sein.

Winden Sie nun die Hechel, und zwar drei Windungen hinter und zwei Windungen vor den Flügeln. Dann schließen Sie die Hechel ab.

Was die Anzahl der Hechelwindungen und ihre Plazierung angeht, haben Sie wieder freie Wahl. Dünn behechelte Fliegen werden mit drei bis vier Windungen, normale mit fünf bis sechs und stark behechelte, buschige Fliegen mit sieben und mehr Windungen gefertigt. Diese Angaben sind freilich nur Richtwerte. Je nach Anzahl bzw. Dichte der Fibern an einer Feder müssen Sie reduzieren oder zugeben.

Völlige Freiheit haben Sie auch bei der Frage, ob das Hechelrad vor und hinter den Flügeln stehen soll oder ausschließlich davor oder dahinter. Bitte bedenken Sie vor Ihrer Entscheidung folgendes: Stehen die Flügel mitten im Hechelkranz, werden sie von den Fibern allseitig geschützt. Das ist bei robusten Flügeln wie denen aus Fibern einer Rupffeder nicht entscheidend, aber um so wichtiger bei empfindlichen Flügeln wie solchen aus Hechelspitzen.

Stehen die Flügel vor oder hinter dem Hechelrad, sind sie völlig ungeschützt vor dem Fahrtwind, bei Bissen oder Hängern. Jeder Fliegenfischer muß nach eigenem Ermessen und Erfahrungen selbst entscheiden, wo er die Flügel stehen haben will. Ganz gleich wie er sich entscheidet, er wird sich später, wenn er Muster nach Vorgaben nachbindet, gegen die eine oder andere Empfehlung durchsetzen müssen.

Bitte achten Sie bei Ihren selbstgebundenen Trockenfliegen verstärkt auf die Proportionen. Die Flügel, einerlei, wo sie stehen, müssen geringfügig über die Spitzen des Hechelrades hinausragen. Der Schwanz sollte so lang sein wie der Hakenschenkel. Und was ganz wichtig ist: Die Fliege muß symmetrisch sein, damit die Auflagepunkte auf dem Wasser gleichmäßig verteilt sind. Nur das garantiert eine aufrechte, korrekte und dauerhafte Schwimmlage.

Ein Blick von oben bestätigt: Diese Fliege ist symmetrisch und sitzt deshalb optimal auf der Wasseroberfläche auf.

Schwänzchen, Körper, Flügelform und Flügelstellung sind in zahlreichen Varianten möglich und auch zum Teil gebräuchlich. Sie alle zu erläutern und zu bebildern, würde den Rahmen dieses Buches bei weitem sprengen.

Auf die wichtigsten Möglichkeiten wird im folgenden eingegangen.

Variationen der Flügelstellung

Die Verwendung von Schwungfedersegmenten, Hechelspitzen, Fibern und Spitzen von Rupffedern wurde bereits eingehend besprochen. Damit ist das Thema Material für Flügel weitgehend erschöpft. Was verbleibt, sind die unterschiedlichen Stellungen der Flügel zum Hakenschenkel. Die verschiedenen Positionen betreffen hauptsächlich die V-förmige Stellung der Flügel in Anlehnung an die Flügelposition der Insekten in den verschiedenen Stadien. Man unterscheidet grundsätzlich zwischen folgenden Stellungen:

Grundsätzlich gilt: Die einzelnen Flügelstellungen lassen sich durch die Anzahl der Kreuzwicklungen variieren. Dennoch kommt es häufig zu einer Schwierigkeit, wie sich zeigt:

Je nach Materialmenge, Hakengröße und Fadenstärke kann es vorkommen, daß zum Beispiel zwei Kreuzwicklungen das V nicht genug öffnen, drei aber schon zuviel sind. Die dargestellte Flügelposition ist zu offen; sie soll enger gemacht werden.

*gebündelt   enges V   weites V   Spent
aufrecht*

Die Stellungen lassen folgende vage Interpretation zu:
Gebündelt aufrecht und enges (oder geschlossenes) V = Flügelstellung der frisch geschlüpften Eintagsfliege (Subimago oder Dun). Ohne Kreuzwicklung bzw. mit zwei Kreuzwicklungen.
Weites V = Flügelstellung der geschlechtsreifen Eintagsfliege (Imago oder Spinner). Etwa drei Kreuzwicklungen.
Spent = Flügelstellung der auf dem Wasser treibenden, ermatteten oder sterbenden Eintagsfliege. 5 Kreuzwicklungen.
 Diese Angaben sind wiederum nur Richtwerte und abhängig von den verwendeten Materialien.

Hierzu drücken Sie mit dem Zeigefinger den Faden von unten an den Haken.

Jetzt führen Sie den Faden locker um die Flügelbasis. Bitte darauf achten, daß er sich möglichst weit unten befindet.

114 Fliegen im Detail

Wenn Sie eine ganze Umwicklung gemacht haben, führen Sie den Faden hinter dem Hakenschenkel nach unten. Der Faden ist jetzt immer noch locker.

Nun ziehen Sie ihn leicht an. Die Fadenschlaufe legt sich nun um die Basis der Flügel.
Je strammer Sie den Faden ziehen, desto mehr schließt sich der Winkel der Flügel. In der gewünschten Position beenden Sie den Zug und winden den Faden noch ein- bis zweimal um den Schenkel, bis er seine normale Spannung wieder hat.

Auf diese Weise läßt sich die Stellung aller Flügel ohne Rücksicht auf das verwendete Material korrigieren. Bei den feinen Federspitzen ist besonders vorsichtig zu verfahren.
  Grobe Materialien wie Haar vom Kalb- oder Eichhörnchenschwanz sind weniger empfindlich und erfordern möglicherweise zwei solcher horizontal um die Flügelbasis gewickelten Schlaufen.

Variationen von Schwänzchen

Für die Schwänzchen von Trockenfliegen gibt es neben den Fibern von Hechelfedern nur zwei bewährte Variationen: die Verwendung zweier Borsten in Spreizstellung und das Einbinden einer beschnittenen Hechelfeder.

Borsten in Spreizstellung:

Einzelne Borsten, etwa die Kiele von Hechelfedern, können so eingebunden werden, wie bereits bei der Nymphe mit Federgrannen vorgeführt. Sie werden dort, wo sie sich auf dem Schenkel kreuzen, arretiert.

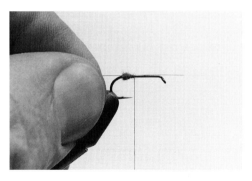

Die etwas elegantere Möglichkeit ist das Einbinden an den Seiten des Hakenschenkels. Dazu schaffen Sie mit Ihrem Körpermaterial erst eimal eine winzige Verdickung am Schenkelende, hier mit dichtem Dubbing.
Jetzt halten Sie eine Schwanzborste, etwa einen blanken Kiel einer Hechelfeder, horizontal an den Hakenschenkel, so daß er dort anliegt und über den Dubbingknubbel ragt.

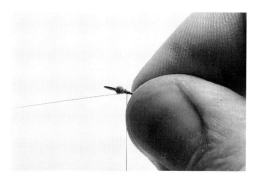

Binden Sie den Kiel ein und führen Sie den Faden vorsichtig in Richtung Dubbing. Je mehr Sie sich dem Dubbing nähern, desto weiter spreizt sich der Kiel vom Haken weg. Ist die gewünschte Spreizung erreicht, führen Sie den Faden zurück und befestigen den zweiten Kiel.

Entnehmen Sie eine Hechelfeder aus der Seite eines Hahnenbalges und streifen Sie alle flaumbehafteten Fibern ab.

Wichtig ist die symmetrische Spreizung, damit eine korrekt Schwimmlage garantiert ist.

Binden Sie den Kiel an der Seite des Schenkels ein. Mit einer Lage Dubbing auf dem Schenkel als Unterbau kann man auch den Kiel auf der Oberseite des Schenkels befestigen. Wichtig ist, daß die Fibern horizontal stehen.

Wer besonders routiniert ist, kann beide Borsten gleichzeitig einbinden. Dann läßt sich diese Version des Schwänzchens in Sekunden binden.

Der Vorteil dieser Variante liegt in der großflächigen Auflage auf dem Wasser. Die Schwimmlage der Fliege ist optimal und sehr stabil.

Die beschnittene Hechel: Diese Variante hat sich vor allem bei Großfliegen bewährt. Wer die langen, nach oben gerichteten Schwanzfibern imitieren möchte, hat mit der beschnittenen Hechel optimale Möglichkeiten.

Mit einer möglichst feinen Schere beschneiden Sie den Kiel wie abgebildet. Links und rechts jeweils drei, zwei oder auch nur eine Fiber stehenlassen.

Ein solches Schwänzchen ist unverwüstlich und garantiert immer eine optimale Schwimmlage der Fliege.

Winden Sie nun beide Haare gleichzeitig nach vorn. Bitte darauf achten, daß die Spannung bei beiden Haaren gleich ist. Die Weiterverarbeitung erfolgt in der gewohnten Weise.

Variationen von Körpern

Die Formung und Beschaffenheit von Fliegenkörpern verursacht kaum Probleme. Das vergleichsweise schwierige Verarbeiten von Fellflusen (Dubbing) wurde bereits bei der Naßfliege besprochen. Eine vorangegangene Bindesequenz zeigte die Verarbeitung eines Pfauenkieles, die analog für alle anderen Kielmaterialien steht. Was bleibt, ist die Verwendung einzelner Haare wie Moose Mane und zwei Varianten der Körperhechel.

Erfahrungsgemäß sind die weißen Haare stärker als die dunklen. Wer eine gleichmäßige Hell-Dunkel-Zeichnung wünscht, darf nur die Spitzen der hellen Haare verwenden.

Haare als Körpermaterial:

Die Körperhecheln:

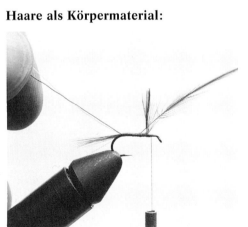

Die Fliege soweit fertigstellen, daß das Körpermaterial eingebunden werden kann. Ein helles und ein dunkles Haar dicht nebeneinader einbinden.

Streng genommen ist die Körperhechel ein Rippungsmaterial. Sie wird wie ein solches eingebunden und in weiten Windungen nach vorn geführt. Das ist genau die gleiche Methode, wie sie für die Herstellung eines Palmers benötigt wird.

Eine Trockenfliege entsteht · Spezielle Bindetechniken 117

Binden Sie immer die Spitze der Feder ein. Damit wird erreicht, daß die Fliege vorn am Öhr höher steht. Bei umgekehrt eingebundener Hechel befinden sich die langen Fibern hinten im Hakenbogen. Diese Fliege neigt dazu, nach vorn zu kippen.

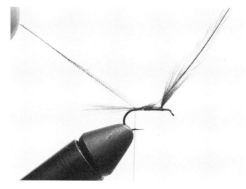

Die beschnittene Feder wird wie ein Rippungsfaden eingebunden und entsprechend verarbeitet.

Die beschnittene Körperhechel:

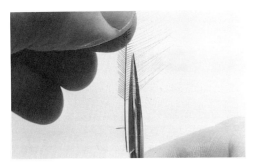

Fibern der Hechelfeder nach unten streifen, bis sie senkrecht zum Kiel stehen. Dann mit einer Schere abschneiden. Je nach Wunsch 1 bis 3 mm stehenlassen.

Die beschnittene Hechel kann bis vor das Öhr gewunden werden. Sie stört beim Winden des Hechelrades nicht, da ihre Fibern senkrecht stehen.

Spezielle Bindetechniken

Die in den vorangegangenen Kapiteln besprochenen Techniken könnte man als Standardtechniken bezeichnen. Damit lassen sich etwa 90 Prozent aller registrierten Fliegenmuster binden. Das sollte eigentlich genügen, wenn man bedenkt, daß es inzwischen um die 60.000 Bindeanleitungen für Fliegen gibt. Doch die restlichen zehn Prozent haben es in sich: Sie enthalten nämlich in unseren Breiten überaus bewährte, ja sogar unentbehrliche Muster und dürfen nicht übergangen werden. Dazu zählen zum Beispiel die Sedges, der Muddler mit seinem Rehhaarkopf und die gebräuchlichen Variationen des Flohkrebses.

Bei den Erläuterungen zu diesen Spezialtechniken wird grundsätzlich auf den bisherigen Techniken aufgebaut. Geläufige Handgriffe werden deshalb vorausgesetzt und notfalls nur textlich erläutert.

Der Bachflohkrebs

Der Flohkrebs zählt zu den wichtigsten Nährtieren in unseren Gewässern. Seine eigenwillige Form, der gepanzerte Rücken und die unüberschaubar scheinende Zahl seiner Beine erfordern eine besondere Anordnung der Materialien.

Material:
Haken: Larvenhaken (Grub Hook)
Körper: Dubbing
Rippung: Kupferdraht
Rücken: Plastikfolie
Beine: Hechelfeder

Haken mit Blei oder Kupferdraht umwickeln. Der Flohkrebs als Bewohner des Gewässergrundes bzw. der Krautfahnen muß immer tief angeboten werden und ist deshalb grundsätzlich zu beschweren.

Zur Vorbereitung des Rückenpanzers wird ein Streifen aus einer Plastikfolie, eine Einkaufstüte reicht, herausgeschnitten und an einem Ende grob zugespitzt. Jetzt werden Rippungsfaden, Hechelfeder und der Plastikstreifen unterhalb des umwickelten Schenkels eingebunden. Der Plastikstreifen wurde hier aus fototechnischen Gründen eingefärbt.

Faden dubben, Körper formen und Faden nach vorn führen. Der Körper sollte in der Schenkelmitte etwas dicker sein. Haare im Dubbing werden in Körpernähe abgeschnitten.

Winden Sie nun die Hechelfeder wie folgt: 1. Windung weit, 2. Windung eng, 3. Windung weit, 4. Windung eng, etc. Auf diese Weise erhalten Sie mehrere Mini-Hechelkränze. Hechelfeder vorn vor dem Körper abschließen und Fibern auf der Oberseite des Körpers abschneiden.

Legen Sie nun den Plastikstreifen längs über den Körper und schließen Sie ihn ab.

Anschließend rippen Sie so, daß der Kupferdraht zwischen den Hechelkränzen nach vorn geführt wird. Die Wickelrichtung ist die gleiche wie für die Hechel. Den Plastikstreifen können Sie über das Öhr ragen lassen.

Ein Paar Schwungfedersegmente dienen als Flügel. Halten Sie es so an den Schenkel, daß je ein Segment links und rechts am Haken anliegt. Zwei Verdeckte Schlaufen legen und den Faden festziehen. Jetzt müssen die Flügel schräg nach hinten stehen.

Die No-Hackle-Fliege

Hechellose Trockenfliegen sind in den 70er Jahren in den USA stark in Mode gekommen. Sie haben gegenüber den herkömmlichen Hechelfliegen einen Riesenvorteil: Sie imitieren das natürliche Vorbild wesentlich besser als die Hechelfliege und sind äußerst kostengünstig herzustellen, weil sie keine Hechelfedern erfordern. Dem steht allerdings ein Nachteil gegenüber: Sie sind nicht sehr haltbar und können beim Werfen das Vorfach verdrallen, wenn sie nicht symmetrisch gebunden sind.

Körper vervollständigen und abschließen. Anmerkung: Die Flügel der No-Hackle Trockenfliege befinden sich etwas weiter hinten als bei der geflügelten Hechelfliege.

Binden Sie am Schenkelende zwei Borsten in deutlicher V-Stellung als Schwanz ein und stellen Sie einen Körper aus Dubbing her. Den gedubbten Faden führen Sie bis zu der Stelle, an der die Flügel eingebunden werden.

Eine wesentlich haltbarere No-Hackle binden Sie mit Fibern einer Rupffeder für die Flügel, wobei Form und Kontur allerdings stark abstrahiert sind. Bei diesem Muster sollten die Fibern hinten kürzer sein, um die für Eintagsfliegen typische Form zu erreichen. Sie sollten nach dem Einbinden nicht beschnitten werden.

Die Goldkopfnymphe

Nymphen, die zur Reizerhöhung unmittelbar hinter dem Öhr mit einer lichtreflektierenden Metall- oder Kunststoffkugel bestückt werden, sind in den letzten Jahren ungemein populär geworden. Erfolge vor allem auf Äschen haben diesen Nymphen zum Durchbruch verholfen. Während in den kleineren Größen ein solcher Kugelkopf ein dominierendes Merkmal darstellt, ist er bei den größeren Nymphen in den Größen 8–12 überwiegend Ergänzung vorgegebener Muster.

Die verwendeten Kugeln müssen eine Bohrung haben, die das Aufziehen auf den Haken (über die Spitze) gestatten. Wer bartlos fischt, hat mit dem Durchmesser der Bohrung nie Probleme.

Früher zerlegte man die Kettchen, die man zur Befestigung von Verschlußstopfen für Waschbecken verwendete. Heute besorgt man sich die Kügelchen in Fachgeschäften für Bastelbedarf.

Nymphen. Fliegenbinder, die naturgetreu binden wollen, sind daher auf relativ starke Körpermaterialien angewiesen. Das bekannteste dieser Art ist der in den USA vertriebene Weichplastikfaden Swannundaze, der exzellente Körper von Maifliegen- und Steinfliegenlarven ermöglicht, wegen seines großen Durchmessers aber schwer zu verarbeiten ist. Seit wenigen Jahren wird Swannundaze durch Larva Lace ergänzt. Dieses Material ist weicher und innen hohl und reagiert auf Zug: Unter Spannung eingebunden wird der Durchmesser kleiner.

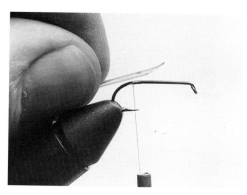

Nur durch starkes Zuspitzen gelingt Ihnen eine saubere und nicht zu stark auftragende Anfangswicklung (im Bild: Larva Lace).

*Einziger und wichtigster Bindeschritt ist die Arretierung des Kügelchens. Schieben Sie es bis zum Öhr. Dann wird der Hauptfaden eingebunden, die Nymphe komplettiert und mit einer stark auftragenden Kopfwicklung beendet.
Im Foto die Kopfwicklung ohne Körper.*

Die Swannundaze-Nymphe

Neben den ausgeprägten Flügelscheiden ist der lange, deutlich segmentierte Hinterleib das auffallende Merkmal großer

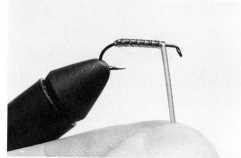

Die Wicklungen führen Sie auf jeden Fall bis in die Mitte des Thorax. Faden schräg abschneiden und mit mehreren Windungen einbinden. Wenn Sie diese Stelle jetzt mit dem Material für den Thorax überwickeln, fällt die abgebundene Schnittstelle nicht mehr auf.

Der Rehhaarkopf (Muddlerkopf)

Für Einsteiger wirkt ein Streamerkopf oder noch mehr ein Trockenfliegenkörper, bei dem Haare senkrecht vom Hakenschenkel abstehen, wie ein Wunder. Dabei ist die Fertigungsmethode, die ohne Zweifel aus dem verblüffendsten Trick der Fliegenbindergeschichte besteht, ganz einfach. Er wurde übrigens von den nordamerikanischen Indianern schon im 19. Jahrhundert praktiziert. Möglicherweise ist er wesentlich älter.

Verwendet werden die starken Körperhaare von Reh, Hirsch, Elch und Caribou.

Nun greifen Sie um und halten das Büschel mit den Fingern der linken Hand. Führen Sie jetzt den Hauptfaden aus dem Haarbüschel heraus und umwikkeln Sie das Büschel zweimal ganz locker.

Schwänzchen einbinden und Körper mit Lurex überwickeln. Anschließend folgt eine Rippung mit ovalem oder rundem Tinsel.

Ziehen Sie den Faden so fest, daß er die Haare umschließt und sichergestellt ist, daß sie nicht vom Haken fallen können. Die Fadenspannung ist richtig, wenn sich die rechte Hälfte der Haare leicht aufstellt.

Das erste Büschel dicht an der Decke abschneiden und von vorn so weit nach hinten schieben, daß die Haarspitzen allseitig bis über die Körpermitte ragen.

Jetzt erhöhen Sie die Fadenspannung und lassen gleichzeitig los. Die Haare drehen und verteilen sich um den Hakenschenkel. Dabei stellen sich die Haare, die sich direkt an der Fadenwicklung befinden, senkrecht auf. Die übrigen stellen sich mehr oder weniger schräg.

Spezielle Bindetechniken

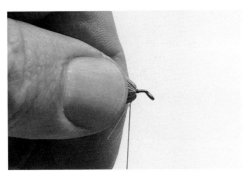

Drücken Sie nun diejenigen Haare, die in Richtung Öhr ragen, nach hinten und führen Sie den Faden vor das Büschel.

Sofern noch Platz auf dem Haken ist, wiederholen Sie den Vorgang. Dann schließen Sie mit dem Whip Finish ab.

Jetzt folgt das zweite Haarbüschel. Da zum Zwecke der Konturbildung keine Haare mehr nach hinten stehen dürfen, reicht ein 2 bis 3 cm langes Büschel ohne Haarspitzen. Binden Sie es auf gleiche Weise zwischen dem ersten Büschel und dem Öhr ein.

Bei der Herstellung des Muddlerkopfes kommt es entscheidend darauf an, daß sich das Rehhaar gleichmäßig stellt. Voraussetzung dafür ist, daß sich beim Anziehen des Fadens das ganze Haarbüschel um den Hakenschenkel dreht.

Aus diesem Grund ziehen es einige Binder vor, den Hakenschenkel im Bereich des Kopfes blank zu lassen. So kann sich das Rehhaar optimal um den relativ glatten Hakendraht drehen.

Andere ziehen es vor, eine Grundwicklung mit dem Faden bis zum Hakenöhr zu legen, wie es beim Streamer üblich ist. Das Aufstellen der Rehhaare erfolgt dann mehr über die Fadenspannung.

Zum Schluß wird der Muddlerkopf frisiert. Mit einer sehr scharfen Schere stutzen Sie die Haare und formen dabei den Muddlerkopf.

Gelegentlich wird der Muddlerkopf wesentlich dichter gebunden. Das kann je nach verwendetem Material für die Flügel bei leichten oder normalen Haken dazu führen, daß der Streamer nicht sinkt.

Am Anfang wird es vorkommen, daß die Haare nicht dicht genug stehen und der ganze Kopf zu licht ist. Behelfen Sie sich dadurch, daß Sie nach jedem Büschel, das Sie eingebunden haben, die Haare verdichten. Dazu drücken Sie das zuletzt eingebundene Büschel mit den Fingern an das vorletzte.

Der Tandemstreamer

Wer auf Hecht fischt und sehr große Streamer verwenden will, ist mit den im Handel erhältlichen Haken nicht gut bedient. Streamermuster von 8 bis 10 cm Länge erfordern einen Schenkel von mindestens 6 cm. Das bedeutet bei extrem langschenkligen Haken Gr. 1/0 bis 3/0. Solche Kaliber besitzen aber den nicht hinnehmbaren Nachteil, daß sie einen riesigen Hakenbogen und eine viel zu große Spitze haben. Diese Hakenproportion deformiert einen Süßwasserstreamer total.

Was für Streamer solcher Größenordnung benötigt wird, ist vielmehr ein Hakenschenkel in ausreichender Länge mit Hakenbögen und Spitzen in bewährten Größen, also Gr. 2 und 4.

Zwei weitere Probleme sind zu beachten. Erstens: die Hakfähigkeit riesiger Einzelhaken im Vergleich zu Tandems. Haken mit einem 6 cm langen Schenkel sind bestenfalls für Nachläufer geeignet. Nimmt der Hecht den Streamer quer, besteht die Gefahr, daß er mit der Spitze überhaupt nicht in Berührung kommt.

Beim Tandemhaken ist für beide Fälle gesorgt. Der hintere Haken greift bei Nachläufern, der vordere, wenn der Biß in gewohnter Manier erfolgt.

Zweitens: Es gibt ein Wurfproblem. Langschenklige Einzelhaken der erwähnten Größe sind ungleich schwerer als der unten beschriebene Tandemhaken. Da beim Aufnehmen des Streamers das gesamte Fahnen- und Körpermaterial naß ist, wird der Streamer insgesamt zu schwer, auch wenn mit Schnüren der Klasse 10 oder 11 gefischt wird.

Ein bewährter Hecht-Tandem läßt sich mit einem 4 x langen Haken der Gr. 2 und einem gleichen Haken der Gr. 4 herstellen. Alle Wicklungen sind so stramm wie möglich auszuführen.

Den großen Haken zuerst einspannen und den Faden am Öhr einbinden. Dann wird der kleine aufgelegt und mit einer 1 1/2 cm langen Wicklung aufgesattelt.

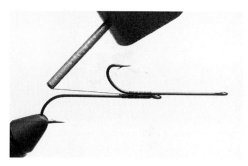

Faden dann horizontal zwischen die Schenkel legen und noch einmal gänzlich überwickeln.

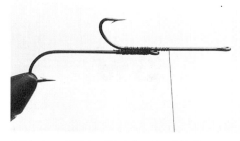

Mit dem Whip Finish abschließen und lackieren. Durch den Lack zieht sich die gesamte Wicklung noch fester zusammen. Mit dieser Montage ist der Tandemhaken unzerstörbar.

Solche Hakenformationen fertigt man auf Vorrat, damit man später zügig binden kann und nicht auf das Trocknen des Lackes warten muß.

Die Montage des kleineren, vorderen Hakens mit der Spitze nach oben hat sich sehr gut bewährt. Dadurch wird ermöglicht, daß beide Hakenspitzen ins Freie ragen und optimal fassen können.

Wird dieser Streamer mit vier Fahnen aus Bucktail versehen, entsteht ein erstklassiges Muster für die Fischerei im Oberwasser und in verkrauteten Seen.

Mit etwas Routine läßt sich das schwimmfähige Fahnenmaterial so dosieren, daß der Streamer im Wasser regelrecht steht und extrem langsam geführt werden kann. Damit ergeben sich außergewöhnliche Vorteile gegenüber Spinnfischern, die ihre Köder relativ schnell einholen müssen, um sie in Aktion zu halten oder Hänger zu vermeiden.

Streamer mit Flashabou

Kaum ein Streamerbinder verzichtet gern auf diese sehr flexible, lichtreflektierende und leicht zu verarbeitende Kunstfaser. Flashabou Material ist ohne Zweifel eine Bereicherung, aber sein Verhalten am Haken kann tückisch sein.

Gelegentlich werden ganze Fahnen für Streamer aus Flashabou gebunden. Damit erreicht ein Streamer die Fähigkeit, Licht zu reflektieren wie ein Blinker. Viele solcher Muster sind jedoch Totgeburten. Das Material arbeitet nämlich erst richtig, wenn es 5 bis 6 cm lang ist. Mit dieser Länge ragt es aber immer über den Hakenbogen eines Streamers hinaus. Und genau darin liegt das Risiko.

Beim Werfen legt sich nämlich Flashabou genauso wie jedes andere sehr weiche Fahnenmaterial in Überlänge um den Hakenbogen. Wird der Streamer dann im Wasser geführt, kann er sich nur noch um seine eigene Achse drehen. Dabei ist er natürlich nicht mehr fängig.

Die richtige Verwendung kann deshalb nur die Beimischung in herkömmliches Haarmaterial sein. Dabei geht man ganz sparsam mit Flashabou um.

Aus fototechnischen Gründen wurde in der folgenden Bildsequenz schwarzes Flashabou für eine helle Bucktailfahne gewählt.

Streamer bis zur Fahne aufbauen und eine Fahne aus wenigen Bucktailhaaren so einbinden, daß die Körperseiten überdeckt sind. Damit soll verhindert werden, daß sich die Flashabou-Fibern beim Werfen nach unten und auf eine Seite des Hakenbogens legen.

Jetzt längen Sie die Flashabou-Fibern ab und binden sie ein.

Streamer mit Flashabou · Matuka Streamer 125

Abschließend wird die eigentliche Fahne eingebunden.

Die gezeigte Bindeweise garantiert, daß die Fibern in der gleichen Richtung stehen wie die Haare der Fahne.

Matuka Streamer

Das im Kapitel „Der Federstreamer" besprochene Muster mit einer Fahne aus Hechelfedern gilt als der klassische Federstreamer aus England. Er wurde weltweit populär und überall dort erfolgreich eingesetzt, wo englischer Einfluß vorhanden war. So zum Beispiel in Kanada, Südafrika, Australien und Neuseeland.

Durch die neuseeländische Bindeschule hat der Federstreamer jedoch eine entscheidende Verbesserung erfahren: Die Fahne wurde nicht mehr ausschließlich am Kopf eingebunden, sondern durch den Rippungsfaden über den ganzen Körper gehalten.

Das hat den Vorteil, daß sich die Fahne beim Fischen in stehenden Gewässern und beim langsamen Einholen nicht vom Körper trennt und somit Fehlbisse vermieden werden. Die Neuseeländer hatten offensichtlich bei der Fischerei in Seen die Erfahrung gemacht, daß der schwere Haken hinten nach unten hängt, während die leichten Federn der Fahne vor allem hinten über dem Hakenbogen die Neigung haben aufzusteigen. Ein solches Verhalten führt zwangsläufig zu Fehlbissen.

Stellen Sie einen Streamer fertig wie dargestellt. Für die Fahne bereiten Sie zwei Hechelfedern vor, die Sie auf den Haken halten.
Längen Sie die Feder ab und entfernen Sie die unteren Fibern von vorn bis zum Ende des Schenkels.

Binden Sie nun die Feder vorn provisorisch mit nur einer Fadenwindung fest und ergreifen Sie sie dann an der Spitze. Streifen Sie mit den Fingern gegen die Wuchsrichtung, bis die Fibern senkrecht zum Kiel stehen.

Thundercreek Streamers

Halten Sie die Federn weiterhin fest und führen Sie den Rippungsfaden nach vorn. Dabei arretieren Sie die Fahne auf dem Körper.

Diese überaus fängige Serie ist in den letzten Jahren in den USA sehr populär geworden. Sie wird ausschließlich aus Haaren gebunden und ist durch eine Überbetonung des Kopfes gekennzeichnet. Ihre Bindemethodik ist sehr rationell, erfordert aber ein gutes Augenmaß für das Material und einen sicheren Umgang mit Haaren.

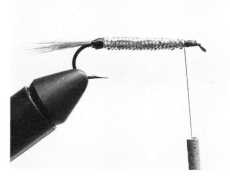

Körper aus Tinsel oder Mylar Tubing herstellen. Für den Rest benötigen Sie Bucktail, das Sie dicht an der Haut abschneiden. Dann längen Sie es ab. Die korrekte Haarlänge beträgt ca. das 1 1/2fache des Hakenschenkels.

Vorn wird der Rippungsfaden wie gewohnt abgeschlossen und der Streamer über den Whip Finish beendet.

In der Originalbindeweise hergestellt bilden die Federspitzen das Schwänzchen. Seine Länge kann bis 1/2 des Hakenschenkels betragen.

Schneiden Sie das Büschel unten gerade ab und entnehmen Sie alle kurzen Haare, indem Sie es fächern und mit den Fingerspitzen auszupfen.

Thundercreek Streamers 127

Das Büschel wird von vorn auf den Haken geschoben. Der Hakenschenkel befindet sich dabei in der Mitte des Haarbüschels. Die Haare werden so weit auf den Schenkel geschoben, bis sie ihn 1/3 überdecken.

Drücken Sie jetzt alle vor dem Öhr befindlichen Haare nach hinten. Dabei müssen Sie beachten, daß Sie die zuvor gemachte Wicklung gleichmäßig und völlig überdecken.

Dann binden Sie das Büschel ein. Das muß unter größtmöglicher Fadenspannung geschehen.

Richten Sie die Haare noch einmal aus, dann halten Sie sie mit den Fingern der linken Hand straff nach hinten. Während Sie die Fahne festhalten, führen Sie den Faden aus den Haaren heraus und machen zwei lockere Windungen.

Umwinden Sie das Büschel gänzlich bis vor das Öhr.

Dann ziehen Sie den Faden stramm und schließen mit dem Whip Finish ab. Korrekt proportioniert reichen die Haarspitzen 1/3 bis 1/2 über den Hakenschenkel.

Anschließend wird der Kopf so häufig lackiert, daß die Haare geschlossen von einer Lackschicht überzogen sind. Danach werden große Augen aufgemalt.

Aus fototechnischen Gründen wurde ein schwarzer Hauptfaden gewählt. Verwenden Sie für diese Streamerserie stets einen Faden in der Farbe des Haares. Neben Bucktail können Sie auch Haare von Eichhörnchen, Waschbär und Skunk verwenden. Der bullige Kopf wirkt übrigens in der Strömung wie ein Exzenter und versetzt den Streamer in vibrierende Bewegungen. Aus optischen Gründen werden grundsätzlich langschenklige Haken mit geradestehendem Öhr verwendet.

Die Köcherfliege (Sedge oder Caddis)

Köcherfliegen-Imitationen gehören streng genommen zu den Trockenfliegen, da sie überwiegend schwimmend angeboten werden. Durch die im Gegensatz zur Eintagsfliegennachbildung nach hinten am Körper anliegenden Flügel erfordern sie jedoch eine Bindetechnik, die mit der normalen Trockenfliegentechnik nichts gemein hat. Aus diesem Grund ist eine getrennte Bearbeitung notwendig.

Die seit Jahren wachsende Popularität der künstlichen Köcherfliege hat zwei Gründe. Erstens: das stärkere Aufkommen in natura. Zahlreichen Fischwassern ist ein auffallend großes und auch vielfältiges Aufkommen von Köcherfliegen eigen. Es scheint, als würden die robusten Köcherfliegen die zum Teil hochempfindlichen Eintagsfliegen verdrängen.

Die Fische gewöhnen sich auf jeden Fall immer und schnell an die Hauptnahrung, aus welchen Gründen auch immer sie in einem Gewässer dominiert.

Zweitens: Die Köcherfliege gestattet beim Binden mehr Kreativität und größere Vielfalt. Es gibt sie in allen denkbaren Größen, Gesamtlänge 4 mm bis 40 mm, je nach Art, und in zahlreichen Farben. Ausschlaggebend sind jedoch Materialbeschaffenheit und -anordnung. Es gibt kaum eine Feder, die sich nicht für die Sedge eignet, und die zahlreichen Techniken für die Anbringung der Flügel lassen unzählige Variationen zu.

In den folgenden Bindesequenzen werden die wichtigsten und gebräuchlichsten Techniken dargestellt.

Die älteste und auch heute noch akzeptierte Methode, Flügel von Sedges zu binden, ist das Anbringen von Schwungfedersegmenten. Obwohl dieses Material für Flügel kaum taugt, weil es sehr schnell ausfranst, sind die Anhänger der Sedge doch glücklich damit. Es ist nämlich eine Erfahrungstatsache, daß ausgefranste, längs auf dem Körper liegende Sedgeflügel die Fängigkeit erhöhen.

Stellen Sie zunächst einen Körper her und bereiten Sie ein Paar Schwungfedersegmente vor. Diese werden nach dem Anhalten abgelängt. Die Flügel sollen 1/3 bis 1/2 über den Schenkel hinausragen. Die Flügel werden nun so übereinander gelegt, daß die Spitzen hinten nach außen stehen und ein deutliches V markieren.

Die Köcherfliege (Sedge oder Caddis) 129

Legen Sie das Flügelpaar nun so auf den Hakenschenkel, daß es vorn, wo es eingebunden wird, auch die Seiten des Körpers etwas überdeckt.

Winden Sie die Körperhechel nach vorn und beschneiden Sie sie auf der Oberseite.

Mit der verdeckten Schlaufe binden Sie das Paar nun fest und führen den Faden locker etwas nach hinten, bis es sich flach auf den Körper legt. Binden Sie nun eine Hechel ein, winden Sie ein Rad und schließen Sie die Feder ab.

Zwei weitere wichtige Varianten für die Flügel sind das Anbringen von Haaren und das Einbinden präparierter Rupffedern.

Flügel aus Haaren (Rehhaar-Sedge)

Jetzt schneiden Sie ein Büschel Rehhaare aus der Decke und längen es ab. Binden Sie das Haarbüschel dort fest, wo normalerweise die Kopfwicklung beginnt. Der Faden ist straff zu führen.

Binden sie am Schenkelende eine Hechelfeder ein und formen Sie aus Dubbing einen Körper.

Binden Sie das Material mit zwei bis drei Fadenwindungen ein. Dabei stellen sich die Haare zwischen Öhr und Wicklung sofort auf.

Mit dem Whip Finish schließen Sie die Fliege ab. Die Haarreste vor der Wicklung läßt man als Kopf stehen.

Flügel aus präparierten Rupffedern

Das Präparieren von Sedgeflügeln bedeutet nichts anderes als das Tränken und Verdichten mit Fliegenbindelack.

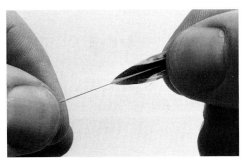

Geben Sie etwas Lack auf die Fingerspitzen und bestreichen Sie damit eine Rupffeder, indem Sie sie ständig unter leichtem Druck durch die Finger ziehen.

Wiederholen Sie den Vorgang, bis die Feder völlig durchtränkt ist. Dann erhöhen

Sie geringfügig den Druck mit den Fingerspitzen. Dabei wird die Feder schmaler, weil ihre Fibern dichter zusammenkleben. Bereiten Sie so mehrere Federn vor. Bevor Sie mit der letzten fertig sind, ist die erste trocken und verarbeitungsfähig.

Längen Sie die Feder ab und binden Sie sie genauso ein wie die Schwungfedersegmente. Also 1/3 bis 1/2 Überstand hinten, vorn die Körperseiten überdeckend.

Dann winden Sie die Hechel an und beenden die Fliege wie gewohnt. Nehmen Sie sie dann aus dem Bindestock und schneiden Sie mit einer spitzen Schere ein V in die Federspitze.

Für diese Art der Flügelherstellung eignen sich grundsätzlich alle Rupffedern, ausgenommen die extrem weichen und flauschigen Federchen zum Beispiel vom Teichhuhn. Schnepfe, Perlhuhn, Rebhuhn, Fasan und Moorhahn sind für diese Zwecke hervorragend geeignet.

Auf die unzähligen Varianten für den Körper braucht nicht eingegangen zu werden. Hier können Sie Ihrer Phantasie freien Lauf lassen. Das einzige, was Sie falsch machen können, ist, den Körper zu dünn zu binden. Der Körper einer flugfertigen Köcherfliege ist recht massig und keineswegs so schlank wie der einer Eintagsfliege. Ein Blick auf ein natürliches Insekt oder die den Köcherfliegen verwandten Nachtfalter sollten alle Zweifel ausräumen.

Eine hochinteressante Variante der Köcherfliege stammt von dem Italiener Francesco Palú. Er verwendet statt der Kopfhechel ein wahres Gestrüpp von Haaren aus dem Bucktail oder Rehhaar. Dabei benutzt er Fäden, in die er die Haare verzwirnt.

Die Palú Sedge ist mit dem Rehhaarkopf ein erstklassiger Schwimmer, der von selbst wieder auftaucht, wenn er unter Wasser gezogen wird.

Ein Muster für Köcherfliege und Steinfliege?

Zoologisch haben sie mit Sicherheit nichts gemein, doch am Bindetisch große Unterschiede zu machen, hieße Haare spalten zu wollen. Beide Fliegen, nur die flugfertigen wohlgemerkt, sind weitgehend identisch in Kontur und Farbe: Der Körper besitzt eine zum Verwechseln ähnliche Form, die Flügelproportion ist die gleiche, die Anordnung im Bereich der Flügelbasis ist geradezu identisch. Der einzige für den Binder sinnvolle Unterschied sind die Flügelenden. Diese sehen bei der Sedge durch die dachförmige Stellung über dem Körper V-förmig aus, während sie bei der Steinfliege rund sind.

Sie können es auch folgendermaßen sehen: Bei einer Sedge mit lackierten Flügeln haben Sie es vor dem Schnitt mit der Schere mit einer Steinfliege zu tun, nach dem Schnitt mit einer Sedge.

Die Devaux-Bindeweise

Trockenfliegen, die nach der Bindeweise des Franzosen Aimé Devaux hergestellt werden, sind durch zwei Merkmale gekennzeichnet. 1.) Die Fibern des Hechelkranzes stehen schräg nach vorn und 2.) Der Abschlußknoten wird nicht mit dem Hauptfaden, sondern mit dem Körperfaden gemacht.

Devauxs Bindeweise, auch französische Bindeweise genannt, hat zeitweilig in Deutschland eine beeindruckend große Anhängerschaft gefunden. Warum das so war, bleibt ein Geheimnis dieser Anhänger. Vielleicht hat der völlig überzogene Preis für Fliegen aus der Bindewerkstatt von Devaux eine Rolle gespielt. Vernunftgründe haben sicherlich keine Bedeutung gehabt, denn allzuviel Vernünftiges ist diesen französisch gebundenen Fliegen nicht eigen.

Das Argument, nach vorn stehende Fibern halten den Fahrtwind beim Werfen besser aus, greift nicht. Ihre nach diesem Buch gebundenen Fliegen beweisen das.

Typische Hechelstellung einer Devaux-Trockenfliege. Der Körperfaden drückt die völlig überproportionierten Hecheln nach vorn.

Ein Whip Finish mit dem Körpermaterial ist nur mit glatten, festen und gleichmäßigen Fäden möglich, etwa Nähgarn, verzwirntes Floss und ähnliche Fäden. Was aber, wenn der Körper einer Fliege aus Dubbing, Moose Mane, Pfaukiel oder Rehhaar besteht?

Eine solche einseitige Technik wie die von Devaux ist bestenfalls als bedingt nützliche Alternative für bestimmte Muster anzusehen. Als eine Universalbindetechnik, mit der man alle Muster dieser Welt binden kann, wird sie sich nicht durchsetzen können.

„Gestrickte" Nymphenkörper

Für große Nymphen, vor allem Steinfliegennymphen, wird von den Routiniers gern eine Technik verwendet, mit der sich auffallend naturgetreue Körper herstellen lassen. Durch die Verwendung je eines hellen und dunklen Fadens wird eine Farbgebung erreicht, die dem natürlichen Vorbild relativ nahe kommt: Die Oberseite des Körpers ist hell, die Unterseite dunkel. Der Saum von Ober- und Unterseite ist naturgetreu gezackt.

Eine solche Zeichnung kommt häufig bei den Libellenlarven vor, entspricht aber auch bei nicht zu kontrastreichen Farben des Fadens dem Aussehen von großen Steinfliegenlarven.

Bei der Imitation von Steinfliegenlarven verwendet man einen 4–6 x langen Haken (Streamer- oder Großnymphenhaken), für das Binden von Libellenlarven muß man hingegen einen langschenkligen Haken in die erforderliche Form bringen.

Die abgeplattete Form erzielt man durch Einbinden von Bleidraht längs am Hakenschenkel oder durch Lederstreifen.

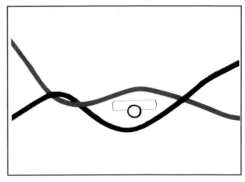

Die einfachste Art, Körper zu „stricken", ist das Legen von Knoten. Dazu binden Sie je einen hellen und dunklen Faden am Körperende ein und legen einen normalen, lockeren Knoten.

Bevor Sie diesen zuziehen, schieben Sie den hellen Faden über das Öhr und legen ihn auf den Hakenschenkel (diese Position ist oben abgebildet).

Legen Sie nun so viele Knoten, wie zur Überdeckung des Schenkels notwendig sind. Zum Abschließen binden Sie einfach die beiden Fäden ab.

Eine andere Technik, hier zur Herstellungs eines Körpers einer Libellenlarve angewendet, stammt von dem Amerikaner Darrel Martin.

Er arbeitet mit einem Unterbau aus Lederstreifen, um den für Libellenlarven typischen breiten Hinterleib optimal imitieren zu können.

Natürlich kann man auch statt der Lederstreifen Bleidraht verwenden und so gleichzeitig für eine Beschwerung sorgen. Allerdings ist die Formgebung mit Bleidraht ungleich schwerer als mit den flexiblen Lederstücken.

Diese Steinfliegenlarve wurde mit einer besonderen Knotentechnik gebunden.

"Gestrickte" Nymphenkörper 133

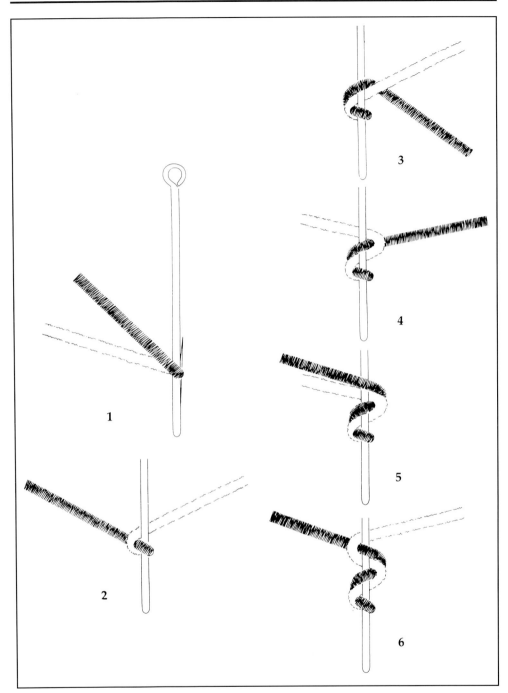

Der „Strickvorgang" ist etwas komplizierter als bei der Steinfliegenlarve: Beide Fäden werden in der gleichen Richtung gewickelt. Der dunkle Faden bedeckt den Haken immer auf der Oberseite, der helle auf der Unterseite. Beim Binden werden die Fäden enger gewunden als abgebildet.

134 Spezielle Bindetechniken

So sollten die Lederstreifen für die Libellenlarve aussehen. Sie sorgen dafür, daß der Hinterleib breit genug ist.

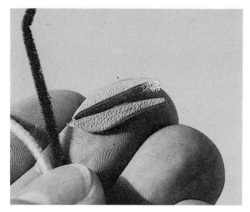

Die Lederstreifen werden an den Seiten des Hakenschenkels eingebunden. Die schmalen Spitzen zeigen in Richtung Hakenöhr.

Die Jig-Fliege

Wenn es einen Angelköder gibt, der in den letzten zehn Jahren einen sensationellen Durchbruch erfahren hat, dann ist es der Jig. Diese amerikanische Erfindung ist etwa 40 Jahre alt und gilt noch heute in den USA und Kanada als der Erfolgsköder auf die amerikanischen Formen von Barsch (Bass) und Zander (Walleye).

Darrel Martins Knüpftechnik in der Draufsicht. Die Fäden sind unter leichtem Zug eng zu führen.

Beide Fische kommen überwiegend in stehenden Gewässern mit kiesigem oder sandigem Grund vor. Die richtige Methode, diesen Köder zu führen, besteht darin, den Jig mit seinem Bleikopf auf den Gewässergrund aufschlagen zu lassen. Bei steinigem Grund bewirkt dieses Auftreffen Klopfgeräusche, auf die Raubfische reagieren.

Bei sandigem Boden werden die Geräusche stark gedämpft. Hier entsteht die Reizwirkung vielmehr durch die Bildung einer kleinen Sandwolke, die dem Raubfisch einen gründelnden Kleinfisch vorgaukelt. Auf Sandboden arbeitet also der Jig mit seinem Bleikopf nach dem gleichen Prinzip wie ein Dorschpilker.

Einige Fliegenfischer in Mitteleuropa haben vor gut zehn Jahren den Jig in Kleinstausführung für das Fliegenfischen entdeckt. Vor allem an der österreichischen Traun wurde er häufig eingesetzt – und das nicht einmal mit schlechtem Erfolg. Die Technik dort bestand und besteht auch heute noch darin, den Jig senkrecht oder schräg zur Strömung eintauchen zu lassen und einen Gewässerabschnitt regelrecht „abzuklopfen". Dabei werden vor allem Regenbogenforellen mit ihrer Vorliebe für größere Happen gehakt.

Fliegenfischer und -binder müssen die Frage beantworten, ob der Jig den Fliegen zuzurechnen oder schon zu den Spinnködern zu zählen ist und lediglich mit dem Fliegengeschirr ausgeworfen und geführt wird.

Die Antwort auf diese Frage verlangt viel Ehrlichkeit. Eine ungewöhnlich große Zahl der jigfischenden Fliegenfischer hält sich nämlich für Fliegenpuristen und traditionsbewußte, kultpflegende Wurm- und Blechgegner. Jetzt, da sie mit dem Jig so gut fangen, kommen sie mit ihrem nach außen hin so vehement vertretenen Kultgehabe ins Gehege.

Ob nun Fliege oder nicht, entscheidet sich allein nach dem Kriterium Gewicht: Der markante Unterschied zwischen Fliege und Nicht-Fliege liegt doch allein darin, daß die Fliege so leicht ist, daß sie von der Fliegenschnur getragen und transportiert werden muß, während die Nicht-Fliege mit Eigengewicht, egal welcher Art, beim Auswerfen die Schnur hinter sich herzieht.

Diese Argumentation dürfte nur schwer zu widerlegen sein, und deshalb ist man gut beraten, den Jig zu den Spinnködern zu zählen.

Anders verhält es sich dagegen bei Twistern, sofern sie nicht auf einem Jig-Haken montiert sind. Hier könnte man die Ansicht vertreten, daß es sich um einen streamerähnlichen Köder handelt. Das Weichplastikmaterial und die ausschließlich industrielle Fertigung sprechen zwar deutlich gegen die charakteristischen Merkmale einer Fliege, doch zumindest sind das Werfen und Führen fliegentypisch.

Bei Twistern sollte man bei der Einstufung auch deswegen nicht so pingelig verfahren, weil es nämlich Streamermuster gibt, die Elemente des Twisters enthalten. Bestes Beispiel dafür sind Muddler Minnows, die anstelle der relativ unbeweglichen Schwinge aus Truthahnfedern einen hochflexiblen Twisterschwanz besitzen.

Diese Twisterschwänze sind bezüglich des Materialspieles in der Strömung jedem natürlichen Material überlegen und sollten deshalb auch verarbeitet werden. Es wäre der deutliche Beweis für Inkon-

So sieht die Schneidskizze für eine Streamerfahne aus. Das einzubindende Ende kann schmaler ausfallen, damit es nicht so stark aufträgt.

sequenz, wollte man künstliche Flügel, Leiber und Schwänzchen an Trockenfliegen akzeptieren, die PVC-Twisterschwinge aber ablehnen.

Eine Fahne für einen solchen Streamer schneidet man am besten aus Latex-Plattenmaterial heraus, wenn man schon nicht industriell gefertigte Twisterschwänze verwenden will. Der kreisrunde Schnitt erfolgt mit einer sehr scharfen Schere. Dabei darf das Material nicht unter Spannung stehen. Am einfachsten arbeitet man mit einer Schablone, mit der man die Schneidlinien auf das Latex aufmalt.

Bitte bedenken Sie, daß das Spiel einer Twisterfahne im Wasser um so lebhafter ist, je länger das Material ist. Es ist aber bei allzu langen Fahnen Vorsicht geboten: Sie können sich beim Werfen um den Hakenbogen legen und somit ihr Spiel gänzlich verlieren.

Ausblick

Die Zukunft des Fliegenbindens

Es gibt keinen Grund anzunehmen, daß sich das Fliegenbinden im deutschsprachigen Raum nicht weiterentwickeln wird. Trotz immer stärker überfischter Gewässer, trotz einschneidender gesetzlicher Regelungen, trotz maßlos überteuerter Preise für Erlaubnisscheine wird das Fliegenfischen und damit auch das Fliegenbinden zunehmen. Dabei ist heute schon abzusehen, daß das Binden auch weiterhin auf vier verschiedenen Ebenen stattfindet: Das Binden
1. von realistischen Mustern,
2. von traditionellen Mustern,
3. von Gebrauchsfliegen,
4. eines stark eingegrenzten individuellen Sortiments.
Die Verfeinerung von Techniken und zum Teil schwierigste Filigranarbeit sind den Fliegenbindern eigen, die im Detail Erfüllung und Perfektion sehen. Knoten in Nymphenbeinen, Insektenaugen und Zickzack-Muster an den Körperseiten sind nur einige Beispiele dessen, was heute schon zum höheren Standard gehört. Wer sich einmal die neuen Schöpfungen näher betrachtet, die in der amerikanischen Zeitschrift „Fly Tyer" allmonatlich präsentiert werden, kann sich kaum vorstellen, daß man noch mehr ins Detail gehen kann. Doch jede Ausgabe beweist aufs neue, daß kein Ende dieser Entwicklung in Sicht ist.

Voraussetzung für diese Perfektion ist eine solide Kenntnis der Fischnährtiere. Und deshalb verwundert es nicht, daß neben der Vorstellung neuer Bindetechniken auch immer mehr Literatur über Insekten und Gewässerbiologie veröffentlicht wird. Diese Arbeit auf zwei Schienen ist für das Fliegenfischen und -binden von unschätzbarem Wert. Sie liefert nämlich den Beweis dafür, daß das Umfeld des Fliegenfischens mehr hergibt als die gnadenlose Ausbeutung unserer Gewässer.

Die traditionsbewußten Binder pflegen das, was das Fliegenbinden zweifellos besitzt, was aber kaum jemand weiß: ein Stück Kulturgeschichte. Fliegen wurden in den USA, in England, Frankreich und Deutschland schon im frühen 19. Jahrhundert in beträchtlichen Mengen gefertigt. Überlieferungen beweisen das zuhauf: Fast alle frühen Bücher über das Fliegenfischen enthalten Beschreibungen oder Abbildungen von Fliegenmustern. Einige Muster füllen heute noch die Schachteln der Fliegenfischer. Andere sind uns in Varianten oder unter anderem Namen bekannt. Die historischen Fliegen mit den Originalmaterialien (außer dem Haken) nachzubinden, verdient Anerkennung, zumal dem Nachbinden eine unerhört mühsame Materialbeschaffung vorausgeht.

Das Gros der Fliegenbinder wird auch weiterhin durch den Universalfliegenbinder vertreten. Er bindet, weil er die Techniken beherrscht, diejenigen Muster, die er als erfolgversprechend ansieht. Dabei ist er empfänglich für alles Neue, was ihm zugetragen wird. Er trägt dazu bei, daß sich neue Muster verbreiten und durchsetzen. Er probiert und testet, er diskutiert und vermittelt weiter.

Die Gebrauchsfliegenbinder mit Experimentierlaune sind sozusagen das Rückgrat der Bindeszene. Ohne sie kann der Handel, der neue Materialien auf dem Weltmarkt einkauft, nicht existieren. Ohne sie gibt es die inzwischen auch bei uns zahlreichen Fliegenbindeclubs nicht. Und schließlich sind allein sie es, die immer wieder neue Muster herausbringen, auf die wir an unseren überfischten Gewässern so angewiesen sind.

Doch einige Binder gelangen aufgrund ihrer reichen Erfahrung in ein Stadium des Reduzierens. Dann nämlich, wenn sie erkannt haben, daß an ihrem Gewässer nur fünf Muster notwendig sind, wenn die Erfahrung sie gelehrt hat, daß der Fisch keinen Unterschied macht zwischen Blue dun hell und Schiefergrau und wenn für sie feststeht, daß ihre „kleine Graue" an ihrem Gewässer als Imitation für alle vorkommenden kleinen Eintagsfliegen ausreicht.

In diese Phase kommt man sicherlich nicht, wenn man Gastfischer an verschiedenen Gewässern ist. Dann reicht nämlich das Individualsortiment für das Hauswasser bei weitem nicht mehr aus. Dann ist wieder das Binden kleiner Serien und das Experimentieren gefragt. Und das ist gut so. Es erhält uns Fliegenbindern die Freude an der Eigenversorgung und am kreativen Binden.

Die Materialversorgung

Gedämpfter Optimismus ist angesagt, wenn es um die Versorgung mit nicht ganz alltäglichen Materialien geht. Das betrifft hauptsächlich die Binder traditioneller Muster und diejenigen, die sich streng an Materialvorgaben halten.

Die unvermindert anhaltende Gefährdung der Umwelt hat auch in nächster Zukunft zur Folge, daß weitere Tierarten unter Schutz gestellt werden müssen und nicht mehr bejagt werden dürfen. Das bedeutet, daß auch Haare und Federn als Beiprodukt aus der Jagd nicht mehr in der gewohnten Vielfalt zur Verfügung stehen werden.

So wird es künftig keine roten Eichhörnchenschwänze mehr geben, Skunk wird knapper werden, weil die Abschüsse limitiert sind, Federn von wilden Großvögeln werden generell nur noch so lange zur Verfügung stehen, wie Vorräte in der Dekorationsartikelbranche oder im Federgroßhandel vorhanden sind.

Rein vorsorglich muß darauf hingewiesen werden, daß der Besitz von Federn, Fellen und Haaren geschützter Tierarten strafbar sein kann. Dabei spielt es oft keine Rolle, ob die Ware gutgläubig erstanden wurde, die Ausfuhr aus dem Ursprungsland legal war und der deutsche Zoll die Einfuhr gestattet hat.

Das muß jedoch nicht bedeuten, daß sich Fliegenbinder künftig strafbar machen, wenn sie eine exotische Feder in Besitz nehmen. So, wie es heute Züchter für Bälge gibt, wird es morgen vielleicht schon eine ganze Reihe von Federn und Fellen geben, die aus Gehegen stammen.

Und wenn das die Versorgungsmängel nicht beheben kann, dann ist es vielleicht die Kreativität der Binder, die neue Möglichkeiten schafft. So war es schließlich auch in den vergangenen Jahrzehnten.

Sachregister

Abreißen (Faden) 66
Abschlußknoten 62 ff.
Amherstfasan 42
Antron 25, 48
Anwinden (Hechelfeder) 103
Artenschutz 40
Aufstellen (Haare) 81
Aurorathread 48

Bachflohkrebs 118
Backen 11 ff.
Bälge 33 ff., 34
Befeuchten (Material) 66
Beine (Nymphen) 94 ff.
Beschneidung (Hechel) 115
Biber 25
Bindestöcke 11 ff.
Biots 98
Bleibeschwerung 98
Bronze Mallard 42
Bucktail 32, 46, 47

Caddis 128
Carolina-Ente 42
Chenille 22, 48
Colorado 33 ff.
Condor 26
Crystal Flash 48
Cul de Canard 42

Devaux 131
Dexion 28, 48, 49
DJ 38
Drähte 23
Drahtstärke 18
Dubbingmaterial 25
Dubbingnadel 14
Dubbingvorgang 88 ff.

Eichhörnchenschwanz 30 ff., 46, 47
Einbinden (Hauptfaden) 58
Einbinden (Material) 59

Einfädler 14
Einspannen (Haken) 56
Eintagsfliegennymphe 54
Elchhaar 46, 47
Elchmähne 46, 47, 116
Emu 44
Entenbürzelfeder 42
Ethaquill 49

Fäden 21 ff.
Farben (Bälge) 34 ff., 50
Fasanenfibern 26
Federbügelschere 15
Feh 47
Felle 31
Fetthaltigkeit (Hechelfeder) 37
Fishair 32, 48
FishFlair 48
Flashabou 48
Flashabou (Verarbeitung) 124
Flaumanteil (Hechelfeder) 39
Flexibilität (Hechelfeder) 35
Floss 23
Flügel (Fan Wing) 108
Flügel (Rupffeder) 91
Flügel (Trockenfliege) 105 ff.
Flügelmaterial 29
Flügelstellung 113
Fox Squirrel 46, 47
French Partridge 42
Furry Foam 29, 48, 100

Genetic Hackle 33 ff.
Goldfasan 42, 44
Goldkopfnymphe 120
Graues Kammhuhn 40
Größenposition (Bälge) 36
Grub Hook 100
Gummi 28

Haare 29, 48, 49
Haarstreamer 82

Hairabou 32
Haken 15 ff.
Hakengrößen 19
Hakenterminologie 19 ff.
Halber Schlag 63
Hauptfäden 21
Hechelfeder 35 ff.
Hechelfederkiele 27
Hechelklemmen 13
Hechelmaterial 32
Hechelspitzen 29, 105 ff.
Hennenflügel 44
Hennennacken 40 ff., 42
Hennenrücken 40 ff., 42
Hofmann 33

Jagdfasan 44
Jig-Fliege 134
Jungle Cock 40

Kalbschwanz 31, 46
Kaninchen 25, 46
Kiele 26
Kleben 69
Knotenbinder 14
Knotentechnik 132 ff.
Köcherfliege 128
Köcherfliegennymphe 55, 100 ff.
Körperhecheln 116 ff.
Kondor 44
Kranich 44
Kräuselkrepp 24
Krickente 42
Kreuzwicklung 106

Lackieren 68
Lackieren (Flügel) 130
Lackiernadel 14
Larva Lace 28, 48
Latex 28, 136
Libellennymphe 132
Ligas Dubbing 25
Limerick-Bogen 16
Lockere Schlaufe 59 ff.

Sachregister

Lureflash 32
Lureflash Piping *48*, 86
Lureflash Twinkle 32

Madenhaken 100
Marabou 31, *44*
Maraboustreamer 85
Martin, Darrel 132
Matuka Streamer 125
Metz 33 ff., *34*
Micro Fibetts *48*
Milben 45
Mobile 32
Mohlon 25
Moorhuhn *42*
Moose Mane 27, 116
Muddlerkopf 121 ff.

Nandu *44*
Naßfliege 53, 69, 71, 88 ff.
Nerz 31
No Hackle Fliege 119
Nutria 31
Nymph Body Strips *48*
Nymphe 53, 69, 72, 92 ff.

Palú 130
Perlhuhn *42*
Pfauenkiel 27
Pfau-Körperfeder *42*
Pinzette 14
Plaston *48*
Poly II *48*
Polycryolin 25
Poly Dub 25
Polypropylenkiel 28
Polyspan 28
Polystrang *48*
Polywiggle 25, 32
Pragliola 13
Proportion (Hechelfeder) 35

Proportionen 53 ff.

Qualität (Kiel) 37

Rabbit Strip 32
Rebhuhn *42*
Redditch Skala 20
Rehhaar *46, 47*
Rehhaarkopf 121
Rehhaar-Sedge 129
Ring Neck Fasan 43
Road Hunting 45
Rotfuß-Rebhuhn *42*
Rundbogen 16
Rupffedern *42*
Rupffedersegmente 29

Sattelfeder *40*, 41
Scheren 15
Schonhaken 18
Schwanzformen (Trockenfliege) 114 ff.
Schwanzmaterial 51
Schwungfedersegmente 30, 90, 128
Sedge 128 ff.
Seehund 25
Silberfasan *42*
Skunk 47
Sonderzüchtungen 33 ff.
Sproat-Bogen 16
Spulenhalter 14
Standmodell 12
Strauß 26, *44*
Streamer 53, 69, 75
Steinbock *46*
Steinfliegennymphe 54
Stoßfedern *45*
Summer Duck *42*
Swannundaze 28
Swannundaze Nymphe 120

Synthetische Fibern 32
Synthetische Materialien *48*, 49
Synthetisches Dubbing 25
Synthetisches Flügelmaterial 30

Tandemstreamer 123
Thundercreek Streamer 126
Tierhaare 30
Tinsel 24
Tischmodell 12
Topping 53
Trockenfliege 55, 73, 102 ff.
Tubing 85
Twisterschwanz 134

Ultra Hair 32
Umdrehen (Haare) 67
Upside down 30

Verdeckte Schlaufe 59 ff.

Wachs 88
Waschbär 31
Weichhecheln *42*
Weißwedelhirsch 32, *46, 47*
Werkzeuge 11 ff.
Whip Finish 62 ff.
Whip Finisher 14
Wickelrichtung 65
Wildente *44*
Wildentenrupf *42*
Wildhase 25
Wolle 24

Zeichnung (Hechelfeder) 39
Ziege *46*
Zonker 32

Faszination Angeln

Ob auf Hecht in heimischen Gewässern, auf Barrakuda auf den Bahamas oder auf Piranha am Amazonas – das Fischen mit dem Steamer zählt zu den faszinierendsten Angelmethoden überhaupt. Dieses Buch informiert umfassend über Köder- und Gerätewahl, Ausrüstung, Fangtechniken und attraktive Fanggebiete der Erde.

176 Seiten, 77 Abbildungen, geb.
ISBN 3-440-08098-6

Faszination Angeln

Das Fliegenfischen gilt als eine der faszinierendsten und anspruchsvollsten Angelmethoden. Aus der Sicht des erfahrenen Praktikers informiert dieses Buch auf ästhetisch ansprechende Weise über Angelgerät, Wurftechniken, Knoten, Fangmethoden und jahreszeitliche Schwerpunkte des Fliegenfischens.

**216 Seiten,
durchgehend farbige Aquarellzeichnungen, geb.
ISBN 3-440-08099-4**

Faszination Angeln

Belastbare Angelknoten sauber binden zu können, ist für den Angler ebenso wichtig wie die Qualität von Rute, Rolle und Schnur. In ganzseitigen Zeichnungen werden die angelsportlich wichtigsten Knoten und Schlaufen dargestellt. Zusätzliche Anmerkungen informieren über Einsatzzweck und Besonderheiten der Knoten.

64 Seiten, 40 Abbildungen, kart.
ISBN 3-440-08200-8

Die Bestimmung der gefangenen Fische fällt selbst Fortgeschrittenen nicht immer leicht. Die hervorragenden, ganzseitigen Farbillustrationen ermöglichen eine sichere Artbestimmung. Texte und Grafiken informieren über Merkmale, Laich- und Fangzeiten und die wichtigsten Fangmethoden. So sieht der Angler das Wesentliche zu jedem Fisch auf einen Blick.

96 Seiten, 44 Abbildungen, kart.
ISBN 3-440-08299-7

Faszination Angeln

Fliegenfischen – Faszination und Abenteuer zugleich. Immer mehr Angler möchten die elegante Kunst des Werfens sicher beherrschen und erfolgreich anwenden. Speziell für den Anfänger geschrieben und anschaulich illustriert, führt der praktische Ratgeber Schritt für Schritt in die Welt des Fliegenfischens.

**104 Seiten, 48 Abbildungen, kart.
ISBN 3-440-08151-6**

Der bewährte Kosmos-Titel stellt die 30 wichtigsten Süßwasserfische in ganzseitigen Fotos vor. Zusätzliche Informationen über erfolgreiche Fangmethoden und Fangtipps machen dieses Buch besonders für Anfänger interessant.

**128 Seiten, 134 Abbildungen, kart.
ISBN 3-440-08130-3**